Gustav Kawerau

Paul Gerhardt

Verlag
der
Wissenschaften

Gustav Kawerau

Paul Gerhardt

ISBN/EAN: 9783957002198

Auflage: 1

Erscheinungsjahr: 2014

Erscheinungsort: Norderstedt, Deutschland

Hergestellt in Europa, USA, Kanada, Australien, Japan
Verlag der Wissenschaften in Hansebooks GmbH, Norderstedt

Cover: Foto ©kordula - uwe vahle / pixelio.de

Paul Gerhardt.

Paul Gerhardt

Ein Erinnerungsblatt

Von

Gustav Kawerau.

Halle a. d. S.
Verein für Reformationsgeschichte.
1907.

Ihrer Durchlaucht
Prinzessin Heinrich XXX. Reuß.

Wenn man als eine der Lichtgestalten aus der lutherischen Kirche des 17. Jahrhunderts den Namen Gerhard nennen hört, dann denkt der Theologe wohl zunächst an Johann Gerhard, den 1637 verstorbenen Jenaer Professor, den großen Gelehrten und dabei in seiner schlichten Frömmigkeit verehrungswürdigen Mann. Seine große Dogmatik, seine Loci theologici, werden noch heute unter den Werken jener alten lutherischen Orthodoxie wegen ihrer Vollständigkeit, Übersichtlichkeit und Gelehrsamkeit, wobei doch die Beziehung auf das praktische religiöse Leben nicht vergessen wird, gern gelesen und hoch geschätzt; seine grundgelehrte Confessio catholica ist ein noch heute nicht veraltetes Arsenal für die Auseinandersetzung mit Lehre und Praxis der katholischen Kirche, und sein Andachtsbuch für Studierende, seine Meditationes sacrae rechnen wir zu den Schätzen unserer Erbauungsliteratur; in dieser Schrift tritt uns der Gelehrte, der in Johann Arndt seinen väterlichen Freund verehrte, in seinem frommen Gemütsleben vor Augen: wahrlich einer der „Lebenszeugen" der lutherischen Kirche aus einer Zeit, die sonst des Unerfreulichen im kirchlichen Leben so viel bietet. Und doch, von diesem Gerhard weiß die evangelische Gemeinde nichts und braucht auch von ihm nichts zu wissen. Sein Name glänzt in der Geschichte der theologischen Wissenschaft.

Um so mehr gehört der ganzen evangelischen Gemeinde deutscher Zunge ein anderer Gerhard an, der Liederdichter Paul Gerhard (Gerhardt)[1]. Nicht daß er als Theologe und theologischer Schriftsteller sich einen Namen gemacht hätte — nur einige gedruckte Leichenpredigten reihen ihn den durch Druckschriften auch noch der Nachwelt ihren Namen übermittelnden Schriftstellern an — aber hier liegt nicht seine Bedeutung. Er hat keinen akademischen Grad sich erworben; weder der von vielen Geistlichen damals begehrte Magister-Titel der philosophischen Fakultät noch ein theologischer Grad, der doch namentlich von Stadtgemeinden bei ihren ersten Geistlichen sehr hoch geschätzt wurde, hat ihn je geziert. Nur eins ist es, was ihn zu einem der in der evangelischen Christenheit wohlbekanntesten und verehrtesten Männer macht: das sind die Lieder, die er uns in reicher Fülle geschenkt hat. Von den 130 Liedern, die wir von ihm kennen, ist ein sehr hoher Prozentsatz Eigentum der singenden Kirche geworden, und unter diesen ist eine ansehnliche Zahl, die wir zu dem unveräußerlichen Schatz erstklassiger Kernlieder rechnen. Das berühmte Freilinghausensche Gesangbuch, das Gesangbuch des Halleschen Waisenhauses und der Pietistenkreise des 18. Jahrhunderts (seit 1704), hat 83 seiner Lieder aufgenommen, der Knappsche Liederschatz (seit 1837) deren 70, und in den Gesangbüchern, die gegenwärtig in kirchlichem Gebrauch in den deutschen Landeskirchen sind²), befinden sich z. 3. noch immer 78 Gerhardtsche Lieder, teils mehr teils weniger verbreitet. Das Fischersche Kirchenlieder-Lexikon aber weist von 114 seiner Lieder nach, daß sie überhaupt zu kirchlicher Verwendung gekommen waren.

Ein naheliegender Vergleich mag uns die Bedeutung dieser Zahlen lehren. Der 4 Tage vor Paul Gerhardt geborene holsteinische Liederdichter Johann Rist beschenkte die evangelische Gemeinde mit 610 Liedern; aber Freilinghausen hat nur noch 36 seiner Lieder der Aufnahme wert geachtet, und Knapp hat diese Zahl auf 21 beschränkt, und in den deutschen Kirchengesangbüchern von heute finden sich doch nur ihrer 35.

Über Gerhardts Lebensschicksale wissen wir leider nur wenig; erst 50 Jahre nach seinem Tode beginnt man nach seinen Lebensumständen zu forschen, aber weite Strecken seines Lebens bleiben in Dunkel gehüllt, und aller Spürsinn der zahlreichen Verehrer des Dichters, die im 19. Jahrhundert sich mit liebevollem Eifer bemüht haben, das Dunkel zu lichten, hat doch so manchen Abschnitt nicht aufzuhellen vermocht. Nur über seinen Konflikt mit den Religionsedikten des Großen Kurfürsten besitzen wir sicheres archivalisches Material. Im übrigen sind wir auf einzelne Notizen und auf allerlei mehr oder weniger sichre Rückschlüsse angewiesen. Und manches, was man so meinte gewonnen zu haben, indem man bestimmte Lieder Gerhardts mit bestimmten Vorgängen seines Lebens in engsten Zusammenhang bringen wollte, erwies sich vor späterer Nachprüfung als voreilige Kombination, und eine um einzelne seiner Lieder bereits gewobene erbauliche Legende mußte wieder als unbegründet preisgegeben werden. So bleibt eine „Lebensgeschichte" P. Gerhardts recht lückenhaft; aber doch redet er deutlicher zu uns und bezeugt uns kräftiger, wer und was er war, als tausende, deren Vita wir Jahr für Jahr an beglaubigten Dokumenten genau verfolgen können: er redet zu uns durch seine Lieder.

1. Bis zum Abschluß der Kandidatenjahre 1607–1651.

Zwischen Wittenberg und Bitterfeld liegt die einst kursächsische, jetzt preußische kleine Stadt Gräfenhainichen. Hier wurde dem Bürgermeister Christian Gerhardt sein berühmt gewordener Sohn vor 300 Jahren geboren. Da die Kirchenbücher der Stadt 1637 im 30jährigen Kriege ein Raub der Flammen wurden, so hatte man lange Zeit keine Gewißheit über sein Geburtsjahr und seinen Geburtstag gehabt. Da er im Sterberegister von Lübben 1676 als ein 70jähriger bezeichnet wird, hatte man das Jahr 1606 als sein Geburtsjahr angenommen und sogar in Gräfenhainichen an seinem Geburtshause eine Gedenktafel mit dieser Jahreszahl angebracht. Da entdeckte man in einer Schrift, die freilich erst aus dem Jahre 1740 stammt[3]), aber wegen der Genauigkeit ihrer Angabe Anspruch darauf machen kann, auf eine schriftliche Überlieferung zurückzugehen, die Nachricht, daß er am 12. März 1607 früh um 4 Uhr geboren sei. Daher wird dieser Tag auch für die Gedächtnisfeier der evangelischen Christenheit festzuhalten sein. Über seine Familie ist sehr wenig bekannt. Ein Kaspar Gerhard aus Gräfenhainichen, vermutlich ein Verwandter, wurde im W. S. 1572/3 in Wittenberg immatrikuliert. Von der Mutter erfahren wir, daß sie die Enkelin des 1570 verstorbenen Eilenburger Superintendenten M. Gallus Döbler war.[4]) Dessen

Tochter heiratete den Nachfolger ihres Vaters, Mag. Kaspar Starke in Eilenburg, und deren Tochter Dorothea, geb. 2. Juli 1582, wurde am 12. Mai 1605 dem Bürgermeister Christian Gerhardt angetraut. Dieser starb am 7. November 1637, wir wissen aber nicht, ob er solange im Amte geblieben war, da eines andern Bürgermeisters Grabstein den Tod dieses im Jahre 1629 meldet. War letzterer sein Nachfolger, so müßte er, etwa Krankheits halber, schon seit Jahren außer Amtes gewesen sein. Vor unserm Paul war bereits ein Sohn Christian geboren worden. Der Knabe bezog am 4. April 1622 die berühmte Fürstenschule zu Grimma und blieb dort bis zum 12. Dezember 1627. Das Zeugnis, das diese Schulanstalt ihm gab, lautete dahin, daß er bei guten Anlagen Fleiß und Gehorsam bewiesen habe: sein (lateinisches) Scriptum sei meist genügend gewesen, die beigefügten (lateinischen) Verse erträglich.⁵) Das ist nicht grade ein glänzendes Zeugnis, den später so berühmten Dichter hatten seine Lehrer an den üblichen Übungen im Verfertigen lateinischer Verse noch nicht erkennen können. „Dies Zeugnis spricht doch mehr für seinen Fleiß und Charakter, als für sein Talent." So wenig positive Nachrichten wir über seine Jugendjahre besitzen, so gestatten doch Äußerungen, die sich hin und her in seinen Liedern finden, einen doppelten Schluß: zunächst den, daß er von klein auf des Lebens Not und Sorge kennen gelernt hat:

> Was ist mein ganzes Wesen
> Von meiner Jugend an
> Als Müh und Not gewesen?
> So lang ich denken kann,
> Hab ich so manchen Morgen,
> So manche liebe Nacht
> Mit Kummer und mit Sorgen
> Des Herzens zugebracht.

> Sobald der Mensch ins Leben tritt,
> Sobald kommt auch die Trübsal mit
> Und folgt ihm auf dem Fuße.

> Ist auch ein Tag von Jugend auf,
> Der nicht sein eigne Qual und Plag
> Auf seinem Rücken mit sich trag?

Aber auch der andre Schluß ist gestattet, daß er von früh auf in Folge frommer Erziehung und frühzeitiger Bekanntschaft mit dem Ernst des Lebens den Herrn als seinen Helfer vertrauens= voll gesucht und gefunden hat.

> Denn dich hab ich auserlesen
> Von der zarten Jugend an;
> Dein Arm ist mein Trost gewesen,
> Herr, so lang ich denken kann.
> Herr, ich preise deine Tugend,
> Wahrheit und Gerechtigkeit,
> Die mich schon in meiner Jugend
> Hoch ergötzet und erfreut;
> Hast mich als ein Kind ernähret,
> Deine Furcht dabei gelehret,
> Oftmals wunderlich gedeckt,
> Daß mein Feind mich nicht erschreckt.*)

Zu Neujahr 1628 bezog der 20jährige die nahe Universität Wittenberg, wo er am 2. Januar inscribiert wurde. Über die Lehrer, zu deren Füßen er dort saß, begegnet man in der Li= teratur manchen irrigen Angaben; Wangemann[7]) macht ihn zu einem Schüler Leonhard Hutters — aber der war schon 1616 gestorben —, vielleicht habe er auch noch bei Abraham Calov gehört, — aber der kam erst 1650 nach Wittenberg, als Ger= hardt längst in Berlin war; der Hymnologe Koch[8]) läßt ihn Friedrich Balduin und Balthasar Meisner hören, aber letzterer war 1626, ersterer 1627 gestorben. Richtig ist die Angabe, daß Jakob Martini und Paul Röber dort seine akademischen Lehrer waren. Namen ersten Ranges, wie die vorhin ge= nannten, hatte die Luther=Universität während der Notjahre des 30jährigen Krieges nicht aufzuweisen. Aber sie war — seit dem Untergang des Krypto=Calvinismus am Ende des 16. Jahr= hunderts — die treue Hüterin des orthodoxen Luthertums, mit Frontstellung nicht mehr nur gegen die römische Kirche, son= dern fast noch mehr gegen den im benachbarten Anhalt am Ende des 16. Jahrhunderts und seit 1613 auch in Kurbranden= burg eingedrungenen Calvinismus. In der Streitschriften=Lite= ratur, die Kurfürst Johann Sigismunds Bekenntniswechsel und die nachfolgenden kirchlichen Kämpfe in der Mark hervorgerufen haben, waren in den Jahren 1614–1621 allein 37 Schriften in Wittenberg gedruckt worden⁹), alles scharfe Angriffe auf das calvinische Bekenntnis; die theologischen Häupter der Universität Hutter und Balduin hatten unter diesen literarischen Verfechtern des reinen Luthertums vorangestanden; das wird noch unvergessen gewesen sein, als der junge Paul Gerhardt dort einige Jahre später sein Studium begann. Unter seinen akademischen Lehrern wendet sich unsere Aufmerksamkeit besonders Paul Röber zu, da dieser selber Liederdichter war. Geboren am 6. Febr. 1587 zu Wurzen, hatte er längere Jahre im Kirchendienst gestanden, seit 1613 als Archidiakonus an der Marienkirche in Halle, seit 1617 als Hofprediger daselbst; erst 1627 war er als Professor nach Wittenberg berufen worden, und im Jahre darauf, also als P. Gerhardt sein Studium begann, wurde ihm zugleich die Generalsuperintendentur übertragen. Zahlreiche lateinische Disputationen über einzelne dogmatische Themata mit Polemik gegen Rom und gegen den Calvinismus sind von ihm im Druck erschienen. Dazu auch aus früherer wie aus späterer Zeit viele Predigten.¹⁰) Diese zeigen neben der Vorliebe des Zeitgeschmacks für spielende Vergleiche und starken astrologischen Neigungen eine außerordentliche Freude am geistlichen Liede; sie sind in ungewöhnlichem Maße mit Citaten aus Kirchenliedern geschmückt, darunter auch bereits mit solchen aus Philipp Nicolais „Wie schön leuchtet der Morgenstern". Auch ist in einer seiner Predigten die Disposition selbst in Verse gebracht. Ja wir finden in seinen Predigten oft als Text statt eines Bibelwortes ein geistliches Lied, so hielt er z. B. Leichenpredigten über: „Was mein Gott will, das gscheh allzeit" oder über: „Herr, wie du willst, so schick's mit mir". Nun sind auch einige geistliche Lieder, die Röber selbst gedichtet hatte, bekannt, und eins von diesen ist später von Gerhardt überarbeitet worden. Daraus ist ersichtlich, daß Gerhardt diese poetische Tätigkeit seines Professors wohl beachtet hat. Zugleich aber ist lehrreich zu beobachten, in welcher Beziehung er später des Lehrers Gedichte für verbesserungsbedürftig angesehen hat. Eine Probe aus beiden Lied-Rezensionen möge es lehren.

Röber:	Gerhardt:
1. O Tod, o Tod, schreckliches Bild,	O Tod, o Tod, du greulichs Bild
O ungeheure Larve,	Und Feind voll Zorns und Blitzen,
Wie machst du dich so groß und wild	Wie machst du dich so groß und wild
Mit deinen Pfeilen scharfe!	Mit deiner Pfeile Spitzen?
Hier ist ein Herz, das dich nichts acht't	Hier ist ein Herz, das dich nicht acht't
Und spottet deiner schnöden Macht,	Und spottet deiner schnöden Macht
Deiner zerbrochnen Pfeile.	Und der verbrochnen [dann: zer=
	brochnen] Pfeile.
5. Wo ist der alten Heiligen Schar,	Wo ist der alten Heil'gen Zahl,
In Palestin begraben?	Die auch daselbst begraben?
Sie sind kommen aus deiner G'wahr,	Sie sind erhöht im Himmelssaal,
Ewiges Lebn sie haben.	Da sie sich ewig laben.
Jesus, der HErr, mit starker Hand	Des starken Jesus Heldenhand
Zerrissen hat all deine Band',	Hat dir zersprengt all deine Band,
Da er mit dir tat ringen.	Als er dein Kämpfer wurde.[11]

Es ist offenbar, daß diese Abänderungen besonders durch das feiner entwickelte Gefühl Gerhardts für den gleichmäßigen Wechsel von Hebung und Senkung veranlaßt sind; Röber ist noch von den Opitzschen Regeln unbeeinflußt, Gerhardt dagegen folgt dem rhythmischen Gesetz, das dieser formuliert hatte. Zugleich aber bietet sich uns hier ein lehrreiches Beispiel dafür, in welchem Maße es schon im 17. Jahrhundert eine Lieder=verbesserung im Interesse kirchlicher Brauchbarkeit gegeben hat.

Noch eines anderen Wittenberger Professors ist hier zu gedenken, der wahrscheinlich auf P. Gerhardt nicht ohne Einfluß gewesen ist. Von 1616 an lehrte dort 45 Jahre hindurch der klassische Philologe August Buchner als Professor der Poesie, seit 1637 auch als Professor der Rhetorik, eins der angesehensten Glieder im Lehrkörper der Universität. Dieser war ein vertrauter Freund von Martin Opitz und machte begeistert Propaganda für dessen 1624 verfaßtes Büchlein „von der deutschen Poeterei", das „obgleich keineswegs auf selbständiger Arbeit ruhend, ohne tiefe Begründung und systematischen Aufbau rasch hingeworfen, aber mit richtigem Blicke das erfaßte, was viele Andre bisher, nur dem unbewußten Gefühl folgend, geübt hatten" und fortan „zur Beurteilung mustergültigen Verses und Reimes maßgebend wurde". Aber mehr noch: Buchner verfaßte selber eine „An=

leitung zur deutschen Poeterey", die er seit 1638 zunächst Freunden handschriftlich mitteilte, und die seitdem von vielen Wittenberger Studenten begierig abgeschrieben wurde, bis sie nach seinem Tode zuerst 1663 nach fehlerhaften Abschriften, 1665 aber in authentischer Ausgabe gedruckt erschien. Nehmen wir hinzu, daß Buchner selber geistliche Lieder dichtete — sein Morgenlied „Der schöne Tag bricht an" ist noch in Gesangbüchern anzutreffen — so ist doch recht wahrscheinlich, daß seine Wirksamkeit für die Verbreitung der Opitzschen Regeln auf den jungen Gerhardt nicht ohne Einfluß geblieben sein und daß dessen feines Gefühl für den Rhythmus deutscher Verse und für Reinheit des Reims in dieser Schule sich gebildet haben wird.¹²)

Näheres über Gerhardts Universitätsstudien ist nicht bekannt. Da er nicht den Ehrgeiz hatte, nach akademischen Graden zu streben, so lag für ihn auch kein Anlaß vor, sein Studium auf viele Jahre auszudehnen. Man nimmt zwar an, da bei der Promotion eines Wittenberger Magisters am 26. April 1642 unter den üblichen Beglückwünschungsgedichten der Studienfreunde sich auch ein solches von „Paulus Gerhard" befindet, daß er noch 1642 sich an der Universität aufgehalten habe, aber das gäbe ein Studium von mehr als 14 Jahren, was sehr unwahrscheinlich ist. Solche Gedichte steuerten am festlichen Tage auch jetzt auswärts lebende, einst dem Promovendus auf der Universität nahe getretene Freunde bei. Wo Gerhardt sich also damals befand, bleibt für uns in Dunkel gehüllt. Aber dies Poem von 1642 ist für uns die älteste Probe seiner Dichtkunst — freilich nur jener üblichen Fertigkeit, lateinische Verse zu schmieden mit dem herkömmlichen mythologischen Aufputz und stark aufgetragenen Lobeserhebungen. Es lautet in freier Verdeutschung:¹³)

Nicht darf schweigen das Lied, den Ehrenpreis zu besingen,
   Welchen die Muse voll Huld ihren Heroen¹⁴) verleiht.
Wie in den Gärten im Frühling, erwärmt am Strahle der Sonne,
   Siegreich Flora jetzt prangt, Blumengewind um das Haupt:
So erscheinst du uns nun, seit dir die Schule der Weisheit,
   Wehrenberg, wob um die Stirn mütterlich ihr Diadem.
So bleib allzeit geschmückt   das schenke dir göttliche Gnade:
   Blumen der Freude ins Herz, Heil als den Helm deines Haupts!¹⁵)

Bleibt uns bei diesem ältesten uns bekannten Erzeugnis seiner Muse ungewiß, wo wir den Dichter und in welcher Lebenslage wir ihn uns zu denken haben, so weist uns eine deutsche Hochzeitsode des nächsten Jahres 1643 bestimmt nach Berlin, und zwar schon in naher Beziehung zu dem Hause des Mannes, bei dem wir ihn im Jahre 1651 wieder antreffen, des angesehenen Kammergerichts=Advokaten Andreas Barthold. Die Annahme liegt daher nahe, daß Gerhardt als Lehrer und Erzieher seiner Kinder Glied seines Hauses gewesen sei, wenn auch ein bestimmtes Zeugnis dafür nicht erbracht werden kann. Damals heiratete Bartholds älteste Tochter Sabine den Archi= diakonus an St. Nikolai, Mag. Joachim Fromm, und bei dieser Gelegenheit stellte unser Gerhardt sich mit einem Glückwunsch= gedichte ein. Hoch über die Gelegenheitsdichtung dieser Art hinausragend, hält es sich frei nicht nur von den sonst so be= liebten unzarten und indecenten Anspielungen, sondern auch von aller mythologischen Einkleidung, in Form und Inhalt ein echter Gerhardt. Nur einige Proben aus dem langen Poem seien hergesetzt.

Der aller Herz und Willen lenkt
Und wie er will, regieret,
Der ists, der euch, Herr Bräutgam, schenkt,
Die man euch hier zuführet.
Glück zu, Glück zu! ruft Jedermann,
Gott gebe, daß es sei getan
Zu beider Wohlergehen.

Wie Gott will, brennen auf der Erd
Die ehelichen Flammen;
Wie eins dem andern ist beschert,
So kommen sie zusammen.
Im Himmel wird der Schluß gemacht,
Auf Erden wird das Werk vollbracht:[16]
Das gibt ein schönes Leben.

Ein züchtig Herz, ein reiner Mut,
Von denen angeboren,
Die ihnen Gottesfurcht zum Gut
Und Schätzen auserkoren,
Was ist doch Gut ohn diesem Gut?
Wenn dies Gut nicht im Herzen ruht,
Ist alles Gut verworfen.

> So gehet nun mit Freuden ein
> Zu eurem Staub und Orden;
> Der Weg wird ohne Schaden sein,
> Der euch gezeiget worden.
> Es geht ein Englein vornen an
> Und wo es geht, bestreuts die Bahn
> Mit Rosen und Violen.

Schon hier zeigt sich seine Begabung für Illustration eines Gedankens durch mannigfaltige Vergleichungen. Das Kreuz, das der Ehe nicht fehlen, aber doch wieder vorübergehen wird, vergleicht er nach einander dem rauhen Lüftlein, das eine Zeit lang weht, dem Wölflein, das ein oder zwei Stunden lang die Sonne verdeckt, dem Sturm, der das Schiff auf dem Meere zeitweise ängstigt; und schließlich — doch hören wir ihn da selber:

> Ein Röslein, wenns im Lenzen lacht
> Und in den Farben pranget,
> Wird oft vom Regen matt gemacht,
> Daß es sein Köpflein hanget.
> Doch wenn die Sonne leucht't herfür,
> Siehts wieder auf und bleibt die Zier
> Und Fürstin aller Blumen.

Es läßt sich Gerhardts Aufenthalt in Berlin jetzt bis 1651 verfolgen. Den Angehörigen des am 23. März 1648 verstorbenen Hofkammergerichtsrats und Konsistorialpräsidenten Peter Fritze widmet er einen „Trostgesang", fügt auch lateinische Distichen hinzu, in denen ihm die Mark Brandenburg schon zur neuen Heimat geworden zu sein scheint, wenn er von dem Schmerz des „Vaterlandes" über diesen Todesfall singt.[17] Ebenso stimmt er, als dem Rektor am grauen Kloster, Mag. Adam Spengler, ein Söhnlein stirbt, um Neujahr 1650 das herzbewegende Lied an: „Mein herzer Vater, weint ihr noch?"[18] Wenige Wochen darauf veranlaßt ihn der Tod eines Kindes des Predigers Joh. Berkow an der Marienkirche, das am 17. Februar 1650 beigesetzt wurde, zu dem Trostliede „Du bist zwar mein und bleibest mein", aus dem wir folgende Probe geben wollen:

> Ach gält es Wünschens, wollt ich dich,
> Du Sternlein meiner Seelen,

Vor allem Weltgut williglich
Wir wünschen und erwählen.
Ich wollte sagen: Bleib bei mir!
Du sollst sein meines Hauses Zier,
An dir will ich mein Lieben
Bis in mein Sterben üben.
So sagt mein Herz und meint es gut,
Gott aber meinte noch besser.
Groß ist die Lieb in meinem Mut,
In Gott ist sie noch größer.
Ich bin ein Vater und nichts mehr,
Gott ist der Väter Haupt und Ehr,
Ein Quell, da Alt und Jungen
In aller Welt entsprungen. [19]

Und als der Subrektor am Gymnasium zum grauen Kloster, Mag. Michael Schirmer, der Dichter von „O heilger Geist kehr bei uns ein" und von „Nun jauchzet all, ihr Frommen" 1650 seine „Biblischen Lieder und Lehrsprüche" herausgab, steuerte Gerhardt eine „Ode" bei, in der er des Freundes geistliche Lieder einführte und empfahl durch Verkündigung des Lobes der Bibel und der aus ihr geschöpften Sangeskunst vor aller weltlichen Poesie.

Welt-Scribenten und Poeten
Haben ihren Glanz und Schein,
Mögen auch zu lesen sein,
Wenn wir leben außer Nöten:
In dem Unglück, Kreuz und Übel
Ist nichts bessers als die Bibel. —
Was Homerus hat gesungen
Und des Maro (Vergil) hoher Geist,
Wird gerühmet und gepreist
Und hat alle Welt durchdrungen;
Aber wenn der Tod uns trifft,
Was hilft da Homerus' Schrift?
Unser Schirmer wirds euch lehren,
Wenn ihr, was sein heilger Fleiß,
Ihm zum Trost und Gott zum Preis
Hier gesetzet, werdet hören.
Lobt das Werk und liebt den Mann,
Der das gute Werk getan. [20]

Diese verschiedenen Gelegenheitsgedichte zeigen ihn uns als einen in Berlin heimisch gewordenen. Wir wundern uns wohl über den alten „Studiosus Theologiae" — wir würden jetzt sagen Kandidaten —, der noch immer nicht eine Pfarrstelle gefunden hat; es läßt sich auch nicht sicher nachweisen, was ihn so lange in diesem Stande festgehalten, ob ein Überfluß an jungen Theologen, der es schwer machte, in festes Brot zu kommen, oder ob die besonderen Nöte des 30jährigen Krieges, oder ob persönliche Schwerfälligkeit, die ihn in seiner Hauslehrertätigkeit einfach abwarten ließ, bis ein Ruf an ihn herankäme, ohne selber sich darum zu bemühen. Jetzt war er aber nicht mehr ein obskurer, alter Kandidat: eine Publikation des Jahres 1647 hatte ihn auf einmal bekannt gemacht. Der Kantor an der Nikolaikirche zu Berlin, Johann Crüger, dem die evangelische Kirche eine Reihe wertvoller Melodien zu ihren geistlichen Liedern verdankt, nahm 1647 in die neue Auflage seiner Praxis pietatis melica 18 Lieder unseres Gerhardt auf und führte diese damit unmittelbar in den kirchlichen Gebrauch ein. Und was für Kernlieder befinden sich unter diesen ersten 18! Da ist sein Morgenlied

    Wach auf mein Herz und singe,

das also nicht erst, wie eine der Gerhardt-Legenden in eigentümlicher Deutung von Vers 2 wissen wollte, gegen Ende seines Lebens in Lübben nach einer in heißem Gebetskampf gegen Schwermutsanfechtung durchwachten Nacht gedichtet wurde;[21]) sein Abendlied

    Nun ruhen alle Wälder;

seine Passionslieder

    Ein Lämmlein geht und trägt die Schuld

und

    O Welt, sieh hier dein Leben,

sein Osterlied

    Auf, auf, mein Herz mit Freuden

und sein Pfingstlied

    O du allersüßte Freude.

Ferner sein Loblied über Jes. Sir. 50, 24, das Pendant zu Martin Rinckarts „Nun danket alle Gott"

    Nun danket all und bringet Ehr,
    Ihr Menschen in der Welt,

das Lied von der „christlichen Ergebung in Gottes Willen"
>Ich hab in Gottes Herz und Sinn
>Mein Herz und Sinn ergeben,

und das von der „christlichen Zufriedenheit"
>Nicht so traurig, nicht so sehr,
>Meine Seele, sei betrübt.

Daneben die weniger bekannten:

Weg, mein Herz, mit den Gedanken   über Luk. 15,
Herr, höre, was mein Mund   in Anknüpfung an Pf. 143,
Warum machet solche Schmerzen   aufs Neujahrs-Evangelium Luk. 2, 21,
O Mensch, beweine deine Sünd   eine Passionsgeschichte in 29 langen Strophen,
Zweierlei bitt ich von dir —   über Sprüche 30, 7—9,
O Gott, mein Schöpfer, edler Fürst   über Jes. Sir. 23, 1—6.
Mein Gott, ich habe mir —   über Pf. 39,
Nach dir, o Herr, verlanget mich   über Pf. 25,
Ich erhebe, Herr, zu dir —   über Pf. 121.

Diese Zusammenstellung läßt sofort erkennen, daß die ganz frei gedichteten Lieder Gerhardts im Ganzen bekannter und beliebter geworden sind, als die Umdichtungen von Bibeltexten. Es würde zu weit führen, wenn wir jedem einzelnen dieser Lieder hier nachgehen und das, was an ihnen dem evangelischen Christen lieb geworden ist, herausheben wollten. Bei den allerbekanntesten, die tausende auch heute noch auswendig wissen, wo leider der Stamm auswendig gelernter Lieder immer kleiner wird, genügt es ja das Lied zu nennen, um alsbald liebe Erinnerungen zu wecken. Wie oft sind aus seinem Morgenliede die Worte:

>Sprich Ja zu meinen Taten

als Worte des Morgengebets verwendet worden! Wie viel Kinder falten noch heutigen Tages ihre Händchen vor der Nachtruhe und sprechen der Mutter die Gebetsworte aus seinem Abendliede nach:

>Breit aus die Flügel beide   .[22])

Keine Passionszeit, in der nicht jene beiden Passionslieder in unseren Gemeinden erklängen. Besonders das Lied „Ein Lämmlein geht und trägt die Schuld" darf wohl die erste Stelle unter allen evangelischen Passionsliedern beanspruchen mit seinem Zwiegespräch zwischen Vater und Sohn:

>Geh hin, mein Kind, und nimm dich an
>Ja, Vater, ja von Herzensgrund —

einer glücklichen Nachahmung von Luthers „Nun freut euch lieben Christen gemein":

>Er sprach zu seinem lieben Sohn —
>Der Sohn dem Vater ghorsam ward —.

Und ist je der Dank für das auf Golgatha geflossene Blut in mächtigere Worte gefaßt worden, als hier in den Versen

>Mein Lebetage will ich dich
>Aus meinem Sinn nicht lassen

bis hin zu der Individualisierung dieses Gedankens in den Worten:

>Im Streite soll es sein mein Schutz
>In Traurigkeit mein Lachen,
>In Fröhlichkeit mein Saitenspiel,
>Und wenn mir nichts mehr schmecken will,
>Soll mich dies Manna speisen;
>Im Durst solls sein mein Wasserquell,
>In Einsamkeit mein Sprachgesell
>Daheim und auch auf Reisen.

Nachdrücklich weise ich auf sein leider manchen neueren Gesangbüchern fehlendes Osterlied „Auf, auf, mein Herz mit Freuden" hin, das — zumal mit Johann Crügers fröhlicher, jubelnder Melodie — ein Triumphlied christlichen Osterglaubens ist, dem sich nur weniges an die Seite stellen läßt. Verse, wie die folgenden, müssen unvergessen bleiben:

>Ich hang und bleib auch hangen
>An Christo als ein Glied:
>Wo mein Haupt durch ist gangen,
>Da nimmt er mich auch mit.
>Er reißet durch den Tod,
>Durch Welt, durch Sünd, durch Not,
>Er reißet durch die Höll,
>Ich bin stets sein Gesell.
>Er bringt mich an die Pforten,
>Die in den Himmel führt,
>Daran mit güldnen Worten
>Der Reim gelesen wird:

> Wer dort wird mit verhöhnt,
> Wird hier auch mit gekrönt;
> Wer dort mit sterben geht,
> Wird hier auch mit erhöht.

Aus den übrigen dieser 18 Lieder sei nur noch die 10. Strophe von „Ich hab in Gottes Herz und Sinn" hier herausgehoben:

> Ei nun, mein Gott, so fall ich dir
> Getrost in deine Hände.
> Nimm mich und mach es du mit mir
> Bis an mein letztes Ende,
> Wie du wohl weißt,
> Daß meinem Geist
> Dadurch sein Nutz entstehe,
> Und deine Ehr
> Je mehr und mehr
> Sich in ihr selbst erhöhe.

Erst im Jahre 1653, als P. Gerhardt die Kandidatenjahre hinter sich hatte, brachte eine neue, die 5. Auflage der Praxis pietatis und gleichzeitig das Rungesche Gesangbuch; — dasselbe, das zuerst jene viel verhandelten „eignen" Lieder der Kurfürstin Luise Henriette, darunter „Jesus meine Zuversicht" veröffentlichte,[23]) — eine ganze Fülle neuer Lieder Gerhardts an die Öffentlichkeit. Aber wir besitzen noch sichere Kriterien, einzelne dieser Lieder, die erst aus Licht kamen, als er schon Propst in Mittenwalde war, noch seiner Kandidatenzeit zuzuweisen. Nämlich zuerst diejenigen, die noch direkt unter den Schrecknissen des fürchterlichen, Deutschlands Kraft aufzehrenden Krieges gedichtet sein müssen. Dahin gehört zunächst sein berühmtes Neujahrslied „Nun laßt uns gehn und treten". Es versetzt uns deutlich mitten in die Schrecken jenes Krieges; denn

> Wir gehn dahin und wandern
> Durch so viel Angst und Plagen,
> Durch Zittern und durch Zagen,
> Durch Krieg und große Schrecken,
> Die alle Welt bedecken.

Daher fehlt denn auch die Neujahrsbitte nicht:

> Schleuß zu die Jammerpforten
> Und laß an allen Orten
> Auf so viel Blutvergießen
> Die Freudenströme[24]) fließen.

Aber auch seine Umdichtung des 85. Psalms „Herr, der du vormals hast dein Land" versetzt uns deutlich in die Kriegszeiten hinein:

> Lösch aus, Herr, deinen großen Grimm
> Im Brunnen deiner Gnaden,
> Erfreu und tröst uns wiederum
> Nach ausgestandnem Schaden.
> Willt du denn zürnen ewiglich,
> Und sollen deine Fluten sich
> Ohn alles End ergießen?
> Ach, daß ich hören sollt das Wort
> Erschallen bald auf Erden,
> Daß Friede sollt an allem Ort,
> Wo Christen wohnen, werden!
> Ach, daß uns doch Gott sagte zu
> Des Krieges Schluß, der Waffen Ruh
> Und alles Unglücks Ende.
> Wenn wir nur fromm sind, wird sich Gott
> Schon wieder zu uns wenden,
> Den Krieg und alle andre Not
> Nach Wunsch und also enden,
> Daß seine Ehr in unserm Land
> Und über alle werd erkannt,
> Ja stetig bei uns wohne.

Viel unsichrer scheint es mir zu sein, wenn Goedeke[25] den „Trostgesang" „Noch dennoch mußt du drum nicht ganz In Traurigkeit versinken" auf eine im Kriege erlittene Niederlage deuten wollte. Gewiß redet das Lied von einem Unglück, das Gott gesendet hat (Strophe 3), aber eine Beziehung auf den Krieg kann ich nirgends entdecken; jene Beziehung auf eine Niederlage ist nur aus den Worten der 7. Strophe

> Drum falle, du betrübtes Heer,
> In Demut vor ihm nieder

herausgelesen; aber die Erinnerung an sein bekanntes Adventslied, in dem es heißt:

> Das schreib dir in dein Herze,
> Du hochbetrübtes Heer,

belehrt uns darüber, daß „Heer" für Gerhardt nur eine kurze Bezeichnung für die Christenschar, die Gemeinde des Herrn ist. Ebenso unsicher scheint es mir, wenn man[26] sein erst 1666

veröffentlichtes Lied „O Herrscher in dem Himmelszelt" in die
Kriegsjahre setzen will, weil es in Str. 5 heißt:

> Man zankt noch immer fort und fort,
> Es bleibet Krieg an allem Ort,
> In allen Winkeln Haß und Neid,
> In allen Ständen Streitigkeit.

Man darf doch wohl zum Verständnis auf Jak. 4,1 verweisen.

Mit voller Sicherheit ist dagegen das 1653 gedruckte Lied
„Wie ist so groß und schwer die Last" noch den Jahren vor
1648 zuzuweisen. Es hält der Gemeinde die Schrecken des
furchtbaren Krieges ergreifend vor Augen, erinnert aber zugleich
die Mark Brandenburg daran, daß sie noch verhältnismäßig
glimpflich davongekommen ist, und lehrt dafür danken, zugleich
aber auch der so viel härter getroffenen Brüder gedenken:

> Die Last, die ist die Kriegesflut,
> So itzt die Welt mit rotem Blut
> Und heißen Thränen füllt:
> Es ist das Feur, das blitzt und brennt,
> So weit fast Sonn und Mond sich wendt.
> Wir unsers Teils sind dir verpflicht't
> Dafür, daß du dein Heil und Licht
> Uns niemals ganz versagt;
> Viel andre hast du abgelohnt,
> Uns hast du ja noch oft verschont. —
> Viel unsrer Brüder sind geplagt,
> Von Haus und Hof darin verjagt;
> Wir aber haben noch
> Beim Weinstock und beim Feigenbaum
> Ein jeder seinen Sitz und Raum.
> Sieh an, mein Herr, wie Stadt und Land
> An vielen Orten ist gewandt
> Zum tiefen Untergang:
> Der Menschen Hütten sind verstört,
> Die Gotteshäuser umgekehrt.
> Bei uns ist ja noch Polizei, [staatliche und bürgerliche Ordnung]
> Auch leisten wir noch ohne Scheu
> Dem HErren seinen Dienst;
> Man lehrt und hört ja fort und fort
> Alltäglich bei uns Gottes Wort.

Aber doch lastet die Kriegszeit noch schwer genug auch auf

denen, deren evangelischer Gottesdienst noch erhalten geblieben ist. Darum

 Laß auch einmal nach so viel Leid
 Uns wieder scheinen unsre Freud,
 Des Friedens Angesicht,
 Das mancher Mensch noch nie einmal
 Geschaut in diesem Jammertal.

Bachmann möchte auch das Lied „Vom jüngsten Tage" „Die Zeit ist nunmehr nah", das 1653 erschien, auf Grund des 1. Verses in die Zeiten des 30jährigen Krieges verweisen. [27] Dieser Vers lautet:

 Die Zeit ist nunmehr nah,
 Herr Jesu, du bist da:
 Die Wunder, die den Leuten
 Dein Ankunft sollen deuten,
 Die sind, wie wir gesehn,
 In großer Zahl geschehn.

Ich meine aber, daß bei den „Wundern", die in großer Zahl geschehen seien, Gerhardt nicht an „Kriege und Kriegsgeschrei" (Matth. 24, 6), sondern eher an „Zeichen an Sonne, Mond und Sternen" (Luk. 21, 25) gedacht haben wird, und möchte es daher eher mit dem Kometen von 1652 in Verbindung bringen, der ja auch sein Lied „Bei Erscheinung eines Kometen": „Herr, was hast du im Sinn" veranlaßte. [28]

Das Jahr 1648 brachte endlich den so heiß ersehnten Frieden. Da war es P. Gerhardt, der das 1653 veröffentlichte gewaltige „Danklied vor die Verkündigung des Friedens" anstimmte, das noch heute (verkürzt) im Evangelischen Militär-Gesangbuch und auch in vielen Gemeinde-Gesangbüchern seinen Platz hat: [29]

 Gottlob! nun ist erschollen
 Das edle Fried und Freudenwort,
 Daß nunmehr ruhen sollen
 Die Spieß und Schwerter und ihr Mord.
 Wohlauf und nimm nun wieder
 Dein Saitenspiel hervor,
 O Teutschland, und sing Lieder
 Im hohen, vollen Chor
 Erhebe dein Gemüte
 Zu deinem Gott und sprich:
 HErr, deine Gnad und Güte
 Bleibt dennoch ewiglich!

Wir hatten solche schwere Züchtigung wohl verdient; aber nun heißt es:

> Sei tausendmal willkommen,
> Du theure, werte Friedensgab!
> Jetzt sehn wir, was für Frommen
> Dein Bei-uns-wohnen in sich hab;
> In dir hat Gott versenket
> All unser Glück und Heil;
> Wer dich betrübt und kränket,
> Der drückt ihm selbst den Pfeil
> Des Herzleids in sein Herze
> Und löscht aus Unverstand
> Die güldne Freudenkerze
> Mit seiner eignen Hand.
>
> Das drückt uns niemand besser
> In unser Seel und Herz hinein,
> Als ihr zerstörten Schlösser
> Und Städte voller Schutt und Stein:
> Ihr vormals schönen Felder,
> Mit frischer Saat bestreut,
> Itzt aber lauter Wälder
> Und dürre, wüste Haid:
> Ihr Gräber voller Leichen
> Und blutgen Heldenschweiß,
> Der Helden, derengleichen
> Auf Erden man nicht weiß.

Jetzt will Gott die Welt „durch Liebe und Gutestun zwingen", sie zu ihrem Heile aufzuwecken; darum: „wach auf, wach auf, du harte Welt!"

Ist uns bei diesen Liedern der Inhalt der Wegweiser in die Zeit, in der sie entstanden sein müssen, so kommen bei andern Gesichtspunkte der Poetik in Betracht, um sie, obgleich sie erst viel später (1653 resp. 1666) gedruckt worden, doch in die Zeit seiner jugendlichen poetischen Versuche zu verweisen. So zunächst das einzige seiner Lieder, in denen er den von Opitz in die deutsche Dichtkunst eingeführten Alexandriner anwendet, wie ihn auch Joh. Heermann, Matthäus Apelles v. Löwenstern und M. Rinckart unter Opitzschem Einfluß fürs geistliche Lied verwendet hatten. Dazu kommt, daß er hier vom allgemein moralischen Standpunkt aus seinen Gegenstand behandelt, und den biblisch-kirchlichen Ton, den wir sonst gewöhnt sind bei ihm zu finden, vermissen läßt. Es ist das Lied „Wider das Ärgernis der bösen glückseligen Welt":

> Du liebe Unschuld du, wie schlecht wirst du geacht't!

Verse wie diese:

> Du sprichst, die Jugend sei der Christen schönste Kron,
> Hingegen hält die Welt auf Reputation:
> Wer diese haben will, sagt sie, der muß gar eben
> Sich schicken in die Zeit und gleich den andern leben,

und eine Nutzanwendung wie diese:

> Drum fasse deine Seel ein wenig in Geduld,
> Fahr immer fort, tu recht, leb außer Sündenschuld

wollen allerdings zu dem Ton, den er sonst in den Liedern von 1653 anschlägt, nicht recht passen. Goedeke wird hier recht haben, wenn er dieses Lied „in Gerhardts früheste Zeit" verweist.[30] Das Löwensternsche Lied, nach dessen Melodie es gesungen werden sollte, war 1644 erschienen.[31] Unsicherer erscheint mir diese Vordatierung bei seiner Nachdichtung des 52. Psalms „Was trotzest du, stolzer Tyrann," die erst 1666 erschien. „Auch dies Gedicht, von einem Theologen, der sich in den modischen Kunstformen versucht und Anapäste zu bilden meint, wo nur Amphibrachen (‿—‿) hervorkommen, weist auf die früheste Versuchszeit Gerhardts zurück" — so das Urteil Goedekes.[32] Daran ist richtig, daß das ganze Gedicht ausgesprochen amphibrachischen Rhythmus hat: aber warum soll das ein stümperhafter Versuch gewesen sein, Anapäste zu bilden? Hatte Gerhardt, wie das vorhin besprochene Lied in Alexandrinern zeigt, Löwenstern „Frnelings-Mayen" 1644 gekannt und benutzt, so darf man daran erinnern, daß dieselbe Liedersammlung ein Lied unter der Aufschrift „Amphibrachische Cymbel" enthält, das diesen Rhythmus in die geistliche Poesie einführte; Gerhardts Metrum in „Was trotzest du, stolzer Tyrann" läßt sich ganz einfach auf jenes Löwensternsche zurückführen.[33] Dann liegt aber auch kein Grund vor, hier einen wenig geglückten Anfängerversuch zu erblicken. Es kann dann füglich auch späteren

Jahren angehören; 1644 würde nur das Jahr bezeichnen, vor
dem es nicht entstanden sein wird.

2. Der Propst von Mittenwalde 1651—1657.

Inzwischen war die Zeit gekommen, wo dem durch seine
geistlichen Lieder bekannt gewordenen Kandidaten, der auch schon
wiederholt in der Nikolai-Kirche als Prediger ausgeholfen hatte,
der Zutritt zum geistlichen Amt sich öffnen sollte. Vier Meilen
südlich von Berlin liegt das kleine Landstädtchen Mittenwalde
die Kirche, zu der auch einige umliegende Dörfer eingepfarrt sind,
hat zwei geistliche Stellen, deren erste den Titel Propstei führte,
da ihr Inhaber zugleich mit der Inspektion über die Geistlichen
des Bezirkes (Ephorie Zossen) betraut war. Hier war am
13. März 1651 der Propst Kaspar Göde gestorben; der Magistrat mochte den Inhaber der zweiten Stelle, Diakonus Alborn nicht anrücken lassen, vielmehr wandte er sich an den
Berliner Magistrat mit der Bitte, ihm einen tüchtigen, für das
Amt geeigneten Mann in Vorschlag zu bringen. Da empfahl
dieser „den ehrenfesten, vorachtbaren und wohlgelahrten Herrn
Paulum Gerhardt, S. S. Theol. Cand., welcher sich allhier bei
uns in des Kurfürstl. Brandenburgischen Kammergerichts-Advocati Herrn Andreas Barthels Hause befindet" bester Maßen
„in der Versicherung, daß wir in diesem wohlgemeinten Vorschlag Ihrer christlichen Gemeine eine solche Person fürhalten,
deren Fleiß und Erudition bekannt, die eines guten Geistes
und ungefälschter Lehre, dabei auch eines ehr- friedliebenden
Gemütes und christlich untadelhaften Lebens ist, daher er auch
bei Hohen und Niedrigen unseres Ortes lieb und wert gehalten, und von uns allezeit das Zeugnis erhalten wird, daß
er auf unser freundliches Ansinnen zu vielen Malen mit seinen
von Gott empfangenen werten Gaben um unsere Kirche sich beliebt
und wohlverdient gemacht hat."[34]) Auf diese Empfehlung hin erhielt der jetzt 44jährige Mann die Berufung, wurde nun als rite
vocatus examiniert und am 18. November in der Berliner Nikolaikirche ordiniert, wobei er folgende schriftliche Verpflichtung

auf sich nahm: „Ich bekenne, daß die in der ersten noch unveränderten Augsburgischen Confession, deren Apologie, den Schmalkaldischen Artikeln, beiden Katechismen Luthers, desgleichen in der Konkordien-Formel begriffene Lehre auf den ganz klaren und zuverlässigen Grundlagen des prophetischen und apostolischen Worts beruht, und ich verspreche, daß ich in dieser Lehre bis an mein Lebensende mit Hülfe göttlicher Gnade beständig beharren will." [35]) Es ist wohl glaublich, was berichtet wird, daß der vom Magistrat übergangene Diakonus Alborn dem ihm jetzt übergeordneten Gerhardt, der den Sprung vom Kandidaten zum Propst gemacht hatte, das Leben nicht leicht gemacht habe; um so ehrenwerter erscheint es uns, daß, als Alborn, der nach Gerhardts Abgang von Mittenwalde nun doch noch in die Propststelle aufrückte, 1660 die Leichenpredigt drucken ließ, die er dem Rittmeister von Thümen gehalten hatte, jener ihm dazu als Beilage seine Umdichtung des 13. Psalms „Ach Herr, wie lange willst du mein so ganz und gar vergessen" beisteuerte. Nun war Gerhardt auch in der Lage, den eignen Hausstand zu begründen. Es fällt auf, daß er nicht sofort dazu schritt: war er auch hierin ein Mann langsamen Entschlusses, oder war sein Wunsch anfangs auf Schwierigkeiten gestoßen — jedenfalls empfängt er erst am 11. Februar 1655 mit einer Tochter jenes Kammergerichts-Advokaten Barthel oder Barthold durch Mag. Petrus Vehr, den Propst an Nikolai, den Segen zum Ehebunde. Er war damals ein Mann von 48 Jahren und seine Anna Maria stand im 33. Jahre (geb. 19. Mai 1622), war also schon erwachsen gewesen, als er einst in das Bartholdsche Haus gekommen war. Am 19. Mai 1656 schenkte sie ihm ein Töchterchen, Maria Elisabeth, die aber schon nach 8 Monaten (am 14. Januar 1657) den Eltern wieder genommen wurde. „Wenig und böse ist die Zeit meines Lebens" (1. Mos. 47, 9), das war der Spruch, den er dem „herzlieben Töchterlein" auf die Gedenktafel schrieb, die er am Chor der Kirche unter der Orgel anbringen ließ. [36]) Wie weit die Überlieferung begründet ist, nach welcher seine Frau ihm durch Hochmut und Herrschsucht das

Leben schwer gemacht haben soll,37) läßt sich begreiflicher Weise nicht mehr ermitteln. Immerhin wird man geneigt sein, aus seinem wundervollen, tiefen Ehestandslied „Voller Wunder, voller Kunst", das erst 1666 erschienen, offenbar aus der Zeit stammt, wo er selber Ehemann war, Rückschlüsse zu machen. Dort heißt es freilich:

> Öfters denkt man, dies und dies
> Hätte können besser sein,

und wieder:

> Gehts nicht allzeit, wie es soll,
> Ist doch diese Liebe still,
> Hält sich in dem Kreuze wohl,
> Denkt, es sei des Herren Will.

Aber das ganze Lied ist dabei so voller Preises des „Joches keuscher Liebe" und des „reichen Segensbaches" Gottes, der in der Ehe fließe, daß man sich ihn nur als einen glücklichen Ehemann vorstellen kann. Daß seine Frau sich aus den engen und kleinlichen Verhältnissen in Mittenwalde nach Berlin zu Eltern, Verwandten und Freunden, sowie zu dem angeregteren Leben und Treiben zurücksehnte, wie es das Elternhaus in der nahen Verbindung mit den Geistlichen von Nikolai und den Schulmännern vom grauen Kloster geboten hatte, das ist sehr begreiflich. Aber auch er selbst wird das nahe Berlin als seine eigentliche Heimat betrachtet haben, wo sich ja ein Kreis von Dichtern geistlicher Lieder und Liederfreunden damals zusammengefunden hatte: Diakonus Georg Lilie (Lilius), seit 1632 an der Nikolaikirche, Mag. Michael Schirmer, seit 1636 Subrektor am grauen Kloster, der fromme Buchdrucker Christoph Runge, der 1644 das väterliche Geschäft aus den Händen seiner Mutter übernommen, die es mehrere Jahre als Witwe fortgeführt hatte, der Kantor an Nikolai und Lehrer am grauen Kloster, Johann Crüger, der von 1622 an 40 Jahre hindurch seines Doppelamtes waltete und zu neuen Liedern neue Weisen ersand.38) Als nun am 10. Oktober 1656 Propst Vehr aus dem Leben schied, da bot sich Gelegenheit zur Erfüllung solcher stillen Wünsche des Ehepaares. Der Magistrat ließ die Geistlichen aufrücken: der Archidiakonus Georg Lilie wurde Propst, der

Diakonus Elias Sigismund Reinhardt rückte ins Archidiakonat auf, das Diakonat wurde frei. Und als der Magistrat nun im Mai 1657 dies Diakonat Paul Gerhardt anbot, da griff der Propst von Mittenwalde mit Freuden zu und kehrte nach Berlin zurück. So war er nur 5½ Jahr auf seiner Propstei gewesen. So wenig wir über seine Tätigkeit dort im Pfarramt und als Kircheninspektor wissen, so empfangen wir doch einen starken Eindruck von dem innerlich reichen Leben dieser Mittenwalder Jahre durch den Liederflor, der ihm hier aufgeblüht oder doch von hier aus von ihm in die Öffentlichkeit hinausgegeben worden ist. Die Hälfte seiner Lieder erscheint jetzt in diesen wenigen Jahren: 64 neue bringt die unlängst bekannt gewordene, zuerst in August Ebelings Ausgabe der Lieder Gerhardts 1898 verwertete Ausgabe der Crügerschen Praxis pietatis von 1653; 20 davon erschienen aber auch in demselben Jahre — wir wissen nicht, ob früher oder später — in dem auf Anregung der Kurfürstin Luise Henriette herausgegebenen Rungeschen Gesangbuch; 3 neue erscheinen 1656 in der neuen (Frankfurter) Ausgabe der Praxis pietatis. Das sind 67 neue Lieder! Freilich sind sie nicht alle erst jetzt in Mittenwalde entstanden; etliche schon früher von uns erwähnte gehören sicher noch in die Zeiten des Krieges, und von den übrigen 1653 erschienenen können wir nur sagen: sie werden zwischen 1648 und 1653 gedichtet sein, also wohl nur zum kleinern Teil in Mittenwalde.

Stellen wir die 20 voran, die sich 1653 auch im Rungeschen Gesangbuch finden, da treffen wir von bekanntesten seiner Lieder folgende an: das Adventslied

Wie soll ich dich empfangen,

mit dem seitdem am 1. Advent in tausenden evangelischer Gemeinden das neue Kirchenjahr begrüßt wird, ebenso den „Advent-Gesang"

Warum willst du draußen stehen,
Du Gesegneter des Herrn,

den Neujahrsgesang

Nun laßt uns gehn und treten,

der freilich mit seinen Kriegsversen uns sicher noch in die Zeit vor 1648 führt; das Pfingstlied

Zeuch ein zu deinen Thoren,

die prächtige Umdichtung des 146. Psalms
> Du, meine Seele, singe,

die wohl verdient, über dem jüngeren, jetzt sehr beliebten Liede über denselben Psalm, dem „Lobe den Herren, o meine Seele" von Johann Daniel Herrnschmidt, nicht in Vergessenheit zu kommen. Dann finden wir hier den „Lobgesang"
> Ich singe dir mit Herz und Mund,

die Umdichtung des Hirtenpsalmes, Ps. 23
> Der Herr, der aller Enden,

das „christliche Freudenlied"
> Warum sollt ich mich denn grämen;

den „Trostgesang in Schwermut und Anfechtung"
> Schwing dich auf zu deinem Gott:

das „Morgenlied"
> Lobet den Herren,
> Alle, die ihn fürchten.

Neben diesen Liedern meist ersten Ranges stehen hier die Psalmenlieder

Ps. 1. Wohl dem Menschen, der nicht wandelt
Ps. 27 Gott ist mein Licht, der Herr mein Heil
Ps. 42. Wie der Hirsch im großen Dürsten
Ps. 85. Herr, der du vormals hast dein Land
Ps. 112. Wohl dem, der den Herren scheuet.

Ferner über Jerem. 31, 20:
> Ist Ephraim nicht meine Kron,

das Lied „Was Gott gefällt",
> Was Gott gefällt, mein frommes Kind;

das „Danklied für einen gnädigen Sonnenschein"
> Nun ist der Regen hin,

das oben S. 18 besprochene Lied „vom jüngsten Tage" und das gleichfalls schon S. 17 den Kriegszeiten zugewiesene Lied „Wie ist so groß und schwer die Last."

Auch hier müssen wir uns begnügen, einzelne besonders schöne Verse herauszuheben. So aus seinem Psalm 146 den Schlußvers:

> Ach, ich bin viel zu wenig,
> Zu rühmen seinen Ruhm:
> Der Herr allein ist König,
> Ich eine welke Blum.

> Jedoch weil ich gehöre
> Gen Zion in sein Zelt,
> Ists billig, daß ich mehre
> Sein Lob vor aller Welt.

Dann die Schlußverse von „Ich singe dir mit Herz und Mund":

> Er hat noch niemals was versehn
> In seinem Regiment,
> Nein, was er tut und läßt geschehn,
> Das nimmt ein gutes End.
> Ei nu, so laß ihn ferner tun
> Und red ihm nicht darein,
> So wirst du hier im Frieden ruhn
> Und ewig fröhlich sein.

Ferner den machtvoll zum Herzen bringenden Schluß seines „Christlichen Freudenliedes":

> Herr, mein Hirt, Brunn aller Freuden,
> Du bist mein,   Ich bin dein,
> Niemand kann uns scheiden.
> Ich bin dein, weil du dein Leben
> Und dein Blut   Mir zu gut
> In den Tod gegeben.
> Du bist mein, weil ich dich fasse
> Und dich nicht,   O mein Licht,
> Aus dem Herzen lasse.
> Laß mich, laß mich hingelangen,
> Da du mich   Und ich dich
> Lieblich [a. L. leiblich] werd umfangen.

Wie zuversichtlich klingt doch auch sein „Trostgesang in Schwermut" aus:

> Ei so faß, o Christenherz,
> Alle deine Schmerzen,
> Wirf sie fröhlich hinterwärts;
> Laß des Trostes Kerzen
> Dich entzünden mehr und mehr,
> Gieb dem großen Namen
> Deines Gottes Preis und Ehr,
> Er wird helfen, Amen.

Aber der Liedersegen des Jahres 1653 ist ja noch viel größer. Außer diesen 20 enthält die Praxis pietatis noch 44 andre. Ich stelle wieder die bekanntesten voran. Da sind die 4 Weihnachtslieder:

    Wir singen dir, Emanuel —
    O Jesu Christ, dein Kripplein ist
    Fröhlich soll mein Herze springen
    Ich steh an deiner Krippen hier.

Dann die 4 ersten der berühmten Passions=Salve „an die Gliedmaßen des Herrn Jesu"

  an die Füße: Sei mir tausendmal gegrüßet —
  an die Kniee: Gegrüßet seist du, meine Kron —
  an die Hände: Sei wohl gegrüßet, guter Hirt
  an die Seite: Ich grüße dich, du frömmster Mann

Die Ausgabe der Praxis pietatis von 1656 brachte dann noch die fehlenden 3 letzten dieser Salve=Lieder hinzu, nämlich

  an die Brust: Gegrüßet seist du, Gott mein Heil —
  an das Herz: O Herz des Königs aller Welt
  an das Haupt: O Haupt voll Blut und Wunden

7 Passionslieder, von denen das letzte überall, das erste auch noch in sehr vielen Gemeinden gesungen wird. Das Oster= lied „Sei fröhlich alles weit und breit", das gemeinhin Gerhardt beigelegt wird, trägt in der Praxis p. 1653 und den nach= folgenden Ausgaben der Praxis p. die Unterschrift „Christ[ian] Bartholdi"; erst Ebeling hat 1666 es Gerhardt beigelegt. Dürfen wir annehmen, daß Christ. Bartholdi ein Sohn des Kammergerichts=Advokaten Barthold, daher Zögling und später Schwager Gerhardts war, und daß er unter Gerhardts An= leitung das Lied verfaßte, dann würde sich erklären, daß der eine Freund Gerhardts, Crüger, es Barthold, der andre, Ebeling, es Gerhardt beilegen konnte.

Außer diesen de-tempore-Liedern der gewaltige „Lobgesang":

    Sollt ich meinem Gott nicht singen

die Psalmenlieder

  Ps. 30 Ich preise dich und singe
  Ps. 111 Ich will mit Danken kommen

das „Danklied nach überstandenem Kummer"

    Auf den Nebel folgt die Sonn

das Lied wider die Sorgen:

    Du bist ein Mensch, das weißt du wohl

das „Gebet um Glück und Segen"

    Ich weiß, mein Gott, daß all mein Tun

dann das allbekannte über Psalm 37,5 (in der dem jambischen Rhythmus angepaßten Nibelungenstrophe):

   Befiehl du deine Wege und was dein Herze kränkt;

das aus Joh. Arndts Paradiesgärtlein umgedichtete

   O Jesu Christ, mein schönstes Licht

dann das „christliche Trost= und Freudenlied aus dem 8. Kapitel an die Römer":

   Ist Gott für mich, so trete

und außer dem schon oben S. 18 erwähnten Friedenslied sein entzückender „Sommergesang"

   Geh aus, mein Herz, und suche Freud

Wann hat uns ein andrer unsrer Sänger am Kirchenlied auf einen Wurf eine so stattliche Reihe unvergänglicher Lieder geschenkt? Und neben diesen allbekannten noch 24 andre neue Lieder von verschieden abgestuftem Werte. Zunächst eine ganze Reihe von Bearbeitungen von Bibeltexten:

Die sieben Worte:	Hör an, mein Herz, die sieben Wort
Jesaj. 53:	Siehe, mein getreuer Knecht
Christi Grablegung:	Als Gottes Lamm und Leue
Die Ostergeschichte:	Nun freut euch hier und überall
Ps. 34:	Ich will erhöhen immerfort
Ps. 73:	Sei wohlgemut, o Christenseel
Ps. 40:	Hört an, ihr Völker, hört doch an
Sprüche Sal. 31:	Ein Weib, das Gott den Herren liebt („Frauenlob")
Ps. 13:	Wie lang, o Herr, wie lange soll
Ps. 91:	Wer unterm Schirm des Höchsten sitzt
Ps. 116:	Das ist mir lieb, daß Gott mein Hort
Hosea 11:	Was soll ich doch, o Ephraim
Hosea 6:	Kommt, ihr traurigen Gemüter
Micha 7:	Ich habs verdient, was will ich doch

Sodann noch einige weitere poetische Bearbeitungen von Gebeten aus J. Arndts Paradiesgärtlein:

   Ich danke dir demütiglich
   Ach treuer Gott, barmherzigs Herz
   Barmherzger Vater, höchster Gott

Ferner das Pfingstlied

   Gott Vater, sende deinen Geist

und das Trinitatislied

   Was alle Weisheit in der Welt

die „Trostgesänge"
>Ich hab oft bei mir selbst gedacht

und >Noch dennoch mußt du drum nicht ganz

das „Danklied einer reisenden Person auf dem Rückwege"
>Nun geht frisch drauf, es geht nach Haus,
>Ihr Röslein, regt die Bein!

ferner das trochäische „Danklied für Leibesgesundheit"
>Wer wohl auf ist und gesund,
>Hebe sein Gemüte —.

Endlich das bereits oben S. 20 besprochene moralisierende Lied in Alexandrinern
>Du liebe Unschuld du.

In diesem reichen Liederkranz ist nicht alles gleichwertig. Es ist auch hier wieder bezeichnend, daß von den zahlreichen Umdichtungen biblischer Texte oder den Versifikationen biblischer Geschichte verhältnismäßig nur Weniges im Gemeindegesang sich gehalten hat, obgleich z. B. seine Psalmenlieder durchweg Besseres bieten als nur in Reime gebrachte Bibelverse, es ist stets etwas von seinem eignen frommen Gemüt darin zu finden, er klebt nie sklavisch an seiner Vorlage. Aber je stärker der ihm den Antrieb bietende biblische Abschnitt in seiner Seele bewegt worden und zu einem persönlichen Glaubensbekenntnis geworden ist, um so stärker ist die Wirkung. Musterstücke solcher freien Variationen biblischer Themen sind „Befiehl du deine Wege" und „Ist Gott für mich, so trete". An letzteres hat sich die Legende angeschlossen, in der 13. Strophe habe Gerhardt in den Worten
>Kein Zorn des großen Fürsten
>Soll mir ein Hindrung sein

auf seinen Konflikt mit dem Großen Kurfürsten angespielt. Aber 1) ist das Lied nicht erst in Berlin während seines Kampfes wider die kirchliche Politik des Großen Kurfürsten, sondern lange vor diesem in Mittenwalde gedichtet; 2) ist die Lesart von 1653: „Kein Zorn der großen Fürsten", und 3) erklären sich diese Worte aus seiner Combination der Stelle Röm. 8, 38 (Fürstentümer, ἀρχαί) mit Eph. 6, 12 (Fürsten und Gewaltige, ἀρχαί und ἐξουσίαι): „Fürsten und Gewaltige" sind von ihm zusammengezogen in „die großen Fürsten"; nämlich, wie Eph. 6, 12 weiter ausgedeutet wird: die bösen Geister unter dem Himmel.[10])

Ebenso bricht jene andre Gerhardt=Legende, nach der sein „Befiehl du deine Wege" von ihm gedichtet sein sollte, als er „amtsentsetzt und des Landes verwiesen" aussichtslos nach Sachsen habe ziehen wollen,[41]) abgesehen von der ganz irrigen Darstellung seines Schicksales, rettungslos vor der Tatsache zusammen, daß es schon 1653 gedruckt worden ist.

Eine etwas genauere Betrachtung verdient das 7 fache Salve, das sich an die einzelnen Gliedmaßen des leidenden Heilandes richtet, als Probe seiner Übersetzungskunst. Der hlg. Bernhard von Clairvaux, der schon durch Luthers Vorliebe für ihn der evangelischen Christenheit ein Bekannter geblieben war, hatte einst in seinen Predigten über das Hohelied einen eigenartigen Erguß frommer Andacht vor dem Bilde des Crucifixus dem Leser dargeboten: „Laßt uns zunächst vor seinen Füßen niederfallen und vor dem Herrn, der uns gemacht hat, das was wir getan haben, beweinen. Dann suchen wir die Hand dessen, der unsre matten Kniee stützt und stärkt. Erlangen wir das unter vielem Gebet und Tränen, dann wagen wir vielleicht schließlich auch noch unser Haupt bis zu dem Munde der Herrlichkeit zu erheben, um ihn — ich sage es mit Zittern und Zagen — nicht nur zu betrachten, sondern sogar zu küssen".[42]) Ein späterer uns unbekannter mittelalterlicher Dichter hatte diese Art der Andacht nun weiter ausgemalt und zu einem Kranz von 7 Salve, oder wie der alte Titel es benennt, zu einem „rhythmischen Gebet zu jedem einzelnen Gliedmaß des leidenden und am Kreuze hangenden Christus" ausgestaltet. Der Dichter betet sich dabei am Krucifix von unten nach oben in die Höhe: er beginnt bei der Betrachtung der durchbohrten Füße, wendet sich von da zu den gebogenen und zitternden Knieen, dann seitwärts zu den aus Kreuz genagelten blutenden Händen, betrachtet darauf die offene Seite, die er mit seinem Munde andächtig berührt, um das daraus rinnende Blut aufzusaugen; aber auch an Jesu Brust als der Wohnstätte der Liebe und Weisheit und dem Thron der Dreieinigkeit, will er wie Johannes ruhen; ebenso richtet er einen besonderen Gruß an das Herz Jesu, auch dieses möchte er an sich drücken te complecti me delectat; so gelangt die Andacht endlich bis zu Jesu Angesicht, dem dornengekrönten Haupt, dem bleichen Antlitz, dem Munde, der Milch und Honig ihm gespendet hat. Dies Haupt möge sich ihm neigen und in seinen Armen die Ruhstätte finden. Diese 7 Salve sind im trochäischen Rhythmus, wie er durch die sogen. Sequenzenstrophe seit dem 12. Jahrhundert beliebt wurde, und zwar nach folgendem eigentümlichen Schema gedichtet:

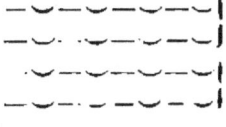

so daß 1 und 2, und wieder 3 und 4 sich reimen, die 5. Zeile aber plötzlich in Jamben umsetzt; dasselbe wiederholt sich in Zeile 6—10, so daß 6, 7 und 8, 9 sich wieder reimen und 10 endlich mit Zeile 5 gereimt wird.[43] Daß diese Lieder nicht vom hlg. Bernhard selbst herrühren, gilt in der katholischen Wissenschaft als ausgemacht. Schon der gelehrte Mabillon hatte seinem Abdruck die Bemerkung vorangeschickt:[44] „ich glaube nicht, daß die nachfolgenden Verse Bernhard beigelegt werden dürfen." Der Ordensgenosse dieses, der Cistercienser Janauschek sagt im katholischen Kirchenlexikon kurz und bündig: „Die folgenden Dichtungen haben den hlg. Bernhard nicht zum Verfasser."[45] Der gelehrte Kenner der mittelalterlichen Handschriften, B. Hauréau, Membre de l'Institut, hat in einer eignen Schrift 1890 auf Grund einer Untersuchung der wenig zahlreichen und späten Handschriften die Unhaltbarkeit der Tradition erwiesen.[46] Ebenso ist 1891 der gelehrte Biograph Bernhards, E. Vacandard, in einem Aufsatz in der Revue des questions historiques auf anderm Wege der Untersuchung zu dem gleichen Ergebnis gelangt.[47] Merkwürdiger Weise ist hier die evangelische Hymnologie viel traditionsgläubiger gewesen. Wackernagel[48] hat, obgleich er Mabillons Ausgabe vor sich hatte, die 7 Salve unbedenklich wieder dem hlg. Bernhard beigelegt, Koch,[49] Fischer[50] und Achelis[51] äußern keinen Zweifel; Daniel[52] versuchte zwar schüchtern zwischen Echtem und Unechtem in ihnen zu scheiden; erst M. Herold[53] gab 1897 dem Zweifel Raum, suchte sich aber zu trösten: „sicher wenigstens aus der Schule Bernhards", bis endlich 1902 Hashagen[54] nachdrücklich auf die Ergebnisse katholischer Forschung hinwies.

Auf diese 7 Salve war schon vor P. Gerhardt auch evangelischerseits die Aufmerksamkeit gelenkt worden. Valerius Herberger[55] rühmte sie als die „honigsüßen Reime, die sich zu allen Gliedmaßen Christi am Kreuz wenden". Er citierte die letzten Strophen von „Salve caput cruentatum" und setzte hinzu: „In meinem letzten Stündlein soll das mein Seufzer sein". Und es ist direkter Nachklang seiner Lektüre dieser Salve, wenn er in seinem „Valet will ich dir geben" singt:

> Erschein mir in dem Bilde,
> Zum Trost in meiner Not,
> Wie du, Herr Christ, so milde
> Dich hast geblut't zu Tod.

Und ebenso entstammt dem Salve ad latus:

> Verbirg mein Seel aus Gnaden
> In deine offne Seit.

Dann aber waren diese 7 Salve auch schon von einem evangelischen Dichter übersetzt worden. Der Archidiakonus an der Marienkirche in Halle, Samuel Cuno, dessen Amtsgenosse und Nachfolger Gerhardts Lehrer Paul Röber (s. oben S. 6) geworden war, bekannt als Dramatiker wegen einer von ihm 1602 herausgegebenen Dramatisierung der Geschichte des 12jährigen Jesuskindes, Jesus amissus et repertus,[56] ließ 1609 ein Andachtsbuch unter dem Titel Oratorium B. Bernhardi Latino-germanicum erscheinen. Hier teilt er von Bl. N 2b an die Rhythmica oratio lateinisch mit und giebt auf der gegenüberstehenden Seite seine eigne deutsche Umdichtung. Diese bisher meines Wissens unbeachtet gebliebene Schrift halte ich für die Vorlage für Gerhardts eignen Versuch: er wird sie schon als Student durch Röber kennen gelernt haben. Will man beurteilen, was er als Übersetzer geleistet hat, so muß man Ennos Arbeit mit der seinen vergleichen. Dieser wandelt das trochäische Versmaß in jambisches um: 4mal ‿—‿—‿—‿— und in der 5. Zeile: ‿—‿—‿—‿—, die Reime setzt er genau wie im Original und bemüht sich, Zeile für Zeile möglichst genau wiederzugeben. Gerhardt dagegen emancipiert sich völlig von der Strophenform des Originals: um die Eintönigkeit zu vermeiden, wendet er für jedes der 7 Lieder eine andre Strophe an (1. Freu dich sehr, o meine Seele; 2. An Wasserflüssen Babylon; 3. Was mein Gott will, das gscheh allzeit; 4. Christ unser Herr zum Jordan kam; 5. Vater unser im Himmelreich; 6. O Mensch, bewein dein Sünde groß; 7. Herzlich tut mich verlangen). Er hat Strophen gewählt, die bald 6, bald 8, teilweise 9 und 10, ja 12 Zeilen haben. Je eine dieser seiner Strophen entspricht jedesmal der 10zeiligen lateinischen Strophe, aber so daß es ihm gar nicht um möglichst wörtliche Wiedergabe des einzelnen Satzes, sondern nur eine bald knappere, bald ausführlichere Umdichtung der Gedanken zu tun ist. Eine Ausnahme macht nur Nr. VII (O Haupt voll Blut und Wunden), wo zwei 8zeilige Strophen seiner Umdichtung je einer 10zeiligen des Originals korrespondieren. Wo er wie in Nr. VI eine 12zeilige Strophe gewählt hat, kann er sich frei ergehen. Man vgl. z. B. in VI Strophe 3:

O cor dulce praedilectum,	Mein Herz ist kalt, hart und betört
Munda cor meum illectum,	Von allem, was zur Welt gehört,
Et in vanis induratum	Fragt nur nach eitlen Sachen:
Finum fac et timoratum,	Drum, herzes Herze, bitt ich dich,
Repulso retro frigore	Du wollest dies mein Herz und mich
	Warm, weich und sauber machen.
Per medullam cordis mei,	Laß deine Flamm und starke Glut
Peccatoris atque rei,	Durch all mein Herze, Geist und Mut
Tuus amor transferatur,	Mit allen Kräften dringen;
Quo cor totum rapiatur	Laß deine Lieb und Freundlichkeit
Languens amoris vulnere.	Zur Gegenlieb und Dankbarkeit
	Mich armen Sünder bringen.

Wo er dagegen, wie in Nr. V, nur 6 Zeilen für die 10 des

Originals zur Verfügung hat, da muß er kräftig zusammen=
ziehen; vgl. V Nr. 1:

Salve salus mea, deus,	Gegrüßet seist du, Gott mein Heil,
Jesu, dulcis amor meus,	Mein Auge, Lieb und schönstes Teil;
Salve pectus reverendum,	Gegrüßet seist du, werte Brust,
Cum tremore contingendum,	
Amoris domicilium.	
Ave thronus Trinitatis,	Du Gottessohn, du Menschenlust,
Arca latae charitatis	Du Träger aller Bürd und Last,
Firmamentum infirmitatis,	Du aller Müden Ruh und Rast.
Pax et pausa fatigatis,	
Humilium triclinium.	

Besonders deutlich erkennen wir aber seine Meisterschaft
im Vergleich mit Cunos Versen. Ich gebe zum Vergleich Nr. I
Str. 1:

Gegrüßt seist du, Herr Jesu Christ,	Sei mir tausendmal gegrüßet,
Das Heil der ganzen Welt du bist,	Der mich je und je geliebet,
Bei deim Kreuz zu sein mich gelüst,	Jesu, der du selbst gebüßet
Warum? allein bewußt dir ist.	Das, womit ich dich betrübt.
Du wollst mich bei dir dulden.	
Als wärst du hier, ich hieher tret,	Ach wie ist mir doch so wohl,
Ja glaub gewiß, du seist zur Stätt	Wann ich knien und liegen soll
Wie bloß seh ich hier hangen dich,	An dem Kreuze, da du stirbest
Vor dir zu Fuß allhier fall ich,	Und um meine Seele wirbest.
Verzeih mir meine Schulden.	

Zu weiterem Vergleich setze ich die der evangelischen Christen=
heit so werten Schlußverse von Nr. VII hierher, muß hier aber
auch zur Vollständigkeit des Vergleiches das schöne lateinische
Original beifügen:

Dum me mori est necesse,	Wenn mein Stund nun vorhanden ist,
Noli mihi tunc deesse,	So laß mich nicht, Herr Jesu Christ,
In tremenda mortis hora	In Todes Not und Ängsten bang,
Veni Jesu absque mora.	Komm dann Jesu, verzeuch nicht lang,
Tuere me et libera.	Sei mein Schutz und Erlöser.

Wann ich einmal soll scheiden,
So scheide nicht von mir:
Wann ich den Tod soll leiden,
So tritt du dann herfür.
Wann mir am allerbängsten
Wird um das Herze sein,
So reiß mich aus den Ängsten
Kraft deiner Angst und Pein!

Cum me jubes emigrare. Wenn du willst, daß ich scheiden soll
Jesu chare, tunc appare. Von dieser Erd, komm dazumal,
O amator amplectende. Herr Jesu, du mein Aufenthalt,
Temetipsum tunc ostende Laß dich von mir dann sehen bald
In cruce salutifera. Ans heilsam Kreuzes Stamme,
    Amen. Hierauf gründ ich mein Amen.

           Erscheine mir zum Schilde,
           Zum Trost in meinem Tod,
           Und laß mich sehn dein Bilde
           In deiner Kreuzesnot:
           Da will ich nach dir blicken,
           Da will ich glaubensvoll
           Dich fest an mein Herz drücken:
           Wer so stirbt, der stirbt wohl.

    Gerhardts Umdichtung macht schlechterdings nicht den Eindruck einer Übersetzung, sie ist dem Original ebenbürtig, ja in mancher Beziehung noch wertvoller als dieses. Er hat mit leiser Hand manchen Satz des Originals beseitigt, anderes abgeschwächt; letzteres z. B. in Nr. III, wo das Sitibundo bibens ore Cruoris stillicidium abgeschwächt ist in: [laß] mit dem Blut, das mir zu gut vergossen, mich erquicken. Gleichwohl ist es sehr erklärlich, daß aus unsern Gesangbüchern die meisten dieser Salve wieder verschwunden sind und nur „O Haupt voll Blut und Wunden" allgemein und vielfach auch noch das „Sei mir tausendmal gegrüßet" aber oft mit Streichung des 2. Verses „Ich umfange, herz und küsse der gekränkten Wunden Zahl und die purpurroten Flüsse deiner Füß- und Nägelmal —," sich darin gehalten haben. Denn der Grundgedanke einer die einzelnen Gliedmaßen Christi betrachtenden Andacht ist uns eine Verirrung, die mit ihrer lokalisierenden Betrachtung eine quantitative Schätzung der Leiden Christi befördert und mit ihrem Lechzen nach dem materiellen Blute als dem heilbringenden „Saft" eine materialisierende Verschiebung an dem Wert des Opfertodes Christi vollzieht. Wir können nur solche Verse daraus wirklich mit Andacht singen, die uns gestatten, von den einzelnen Gliedmaßen absehend, die Person des sterbenden Heilands selbst ins Auge zu fassen. Ein Vers wie in Nr. IV

        Ore meo te [latus!] contiguo,
        Et ardenter ad me stringo,

> In te meum cor intingo,
> Et ferventi corde lingo (!)

ist auch in der abschwächenden Umdichtung Gerhardts

> Mein Mund streckt sich mit aller Kraft,
> Damit er dich berühre,
> Und ich den teuren Lebenssaft
> In Mark und Beinen spüre

einfach unannehmbar. Wir erinnern uns, wie diese Art der Andacht weiter gewirkt hat einmal in der — glücklich wenigstens in ihren widerwärtigen Äußerungen überwundenen Seitenhöhlen=Poesie der Brüdergemeine und andrerseits fortwuchert im Herz=Jesu=Cultus der modernen katholischen Kirche. Aber in voller Bewunderung stehen wir vor der Kunst, dem Feinsinn und der rhythmischen Meisterschaft, die diese Umdichtungen geschaffen haben. Größer freilich ist uns Gerhardt doch da, wo er ganz seine eigne Frömmigkeit im Liede ausklingen läßt. Für evangelische Heilsgewißheit, schlichtes, festes Vertrauen zu Gott, Geduld in Kreuz und Leiden, heldenhafte Glaubensfreudigkeit, seliges Kindesgefühl u. dgl. weiß er Töne zu finden, die viele seiner Worte zu klassischen Zeugnissen evangelischen Glaubensbewußtseins gestempelt haben. Es hält schwer eine Auswahl von Proben hierfür zu treffen, denn es handelt sich um eine reiche Fülle des Schönen und Vortrefflichen. Man sehe, wie er in seinen Weihnachtsliedern den Festton z. B. in den ersten Strophen von „Wir singen dir, Emanuel" so prachtvoll zu treffen weiß, und wie in den Schlußstrophen wieder die helle Festfreude so stimmungsvoll ausklingt. Man erquicke sich in „Fröhlich soll mein Herze springen" an Strophen wie „Nun er liegt in seiner Krippen" oder „Die ihr arm seid und elende": wie hat er es da erfaßt, daß es sich um die Geburt des „Heilandes", um die Offenbarung der Freundlichkeit und Leutseligkeit Gottes handelt. Mit Fug und Recht ist in dem „Ich steh an deiner Krippen hier" die Strophe „Ich lag in tiefer Todesnacht" der evangelischen Christenheit ein besonders lieber Weihnachtsgesang geworden. Mag es ferner auch heller tönende, fast möchte ich sagen lauter schmetternde Lob= und Dankeslieder geben als Gerhardts „Sollt ich meinem Gott nicht singen", an Tiefe und innerem Gehalt steht es in erster Linie und erhebt sich in dem unvergleichlich schönen Schlußvers „Weil denn weder Ziel noch Ende" zu einer Innigkeit und einem kindlichen Vertrauen, die zu einer aufs tiefste ergreifenden Anbetung Gottes im Geist die Seele erheben,

<pre>
        Bis ich dich nach dieser Zeit
        Lob und lieb in Ewigkeit.
</pre>

Aber auch das weniger bekannte „Ich preise dich und singe" hat einen ähnlichen Schluß von erhabener Schönheit:

<pre>
        Auf daß zu deiner Ehre
        Mein Ehre sich erhüb,
        Und nimmer stille wäre,
        Bis daß ich deine Lieb
        Und ungezählte Zahl
        Der großen Wunderdinge
        Mit ewgen Freuden singe
        Im güldnen Himmelssaal.
</pre>

Wie weiß er Zagenden Mut und Vertrauen ins Herz zu singen!
Man höre:

<pre>
        Tu als dein Kind und lege dich
        Zu deines Vaters Arme,
        Bitt ihn und flehe, bis er sich
        Dein, wie er pflegt, erbarme:
        So wird er dich durch seinen Geist
        Auf Wegen, die du itzt nicht weißt,
        Nach wohlgehaltnem Ringen
        Aus allen Sorgen bringen.
</pre>

(aus „Du bist ein Mensch, das weißt du wohl"). Und was für ein reines, sonniges Gemüt klingt uns aus seinem Sommerlied „Geh aus, mein Herz, und suche Freud" entgegen, mit seiner Freude an Bäumen und Blumen, und allem was draußen lebt und sich regt, bis dann sein fröhliches Herz nicht anders kann als zu bekennen

<pre>
        Ich singe mit, wenn alles singt!
</pre>

und nun seine Gedanken von der Erde zum Herzen Gottes erhebt:

<pre>
        Ach, denk ich, bist du hier so schön,
        Und läßt du uns so lieblich gehn
        Auf dieser armen Erden,
        Was will doch wohl nach dieser Welt
        Dort in dem festen Himmelszelt
        Und güldnem Schlosse werden!
</pre>

um mit der Bitte zu schließen:

>Erwähle mich zum Paradeis
>Und laß mich bis zur letzten Reis'
>An Leib und Seele grünen.

Neben solchen Liedern klingt freilich sein „Danklied für Leibesgesundheit" etwas hausbacken und fast wie ein Vorläufer gewisser Dichtungen des 18. Jahrhunderts. Wir lächeln, wenn wir hören, daß ihm seine Hausmannskost so gut schmeckt, daß „ein Gerichtlein Kohl" von ihm höher geachtet wird „als Melonen", daß er froh ist, von „Hauptweh, Stein und Gicht" verschont zu sein, und daß er weder stumm noch lahm noch taub ist, geschweige denn, daß er „im Haupt verirret" wäre. Aber auch diese prosaischen Gedanken durchwärmt und verklärt der dankbare Aufblick zu seinem Schöpfer, der ihm so gestattet, an Gottes Werken sich zu erfreuen und den Beruf zu erfüllen, den dieser ihm gewiesen hat.

Es ist kernhafte, durch und durch gesunde evangelische Frömmigkeit, die diese Lieder atmen.

Das Jahr 1655 gab Gerhardt Gelegenheit, ein einzelnes Lied zu veröffentlichen. Es starb der kurfürstliche Amtsschreiber Joachim Schröder im benachbarten Zossen, und Gerhardt in seiner Eigenschaft als Inspektor (Superintendent) hielt selber dem kurfürstlichen Beamten die Leichenpredigt (17. Mai 1655) und zwar über den von diesem selbst gewählten Leichentext Pf. 71, 9: „Verlaß mich nicht in meinem Alter usw." Als er dann nach der Sitte der Zeit diese Leichenpredigt auch drucken ließ, fügte er eine Umdichtung des ganzen 71. Psalms hinzu:

>Herr, dir trau ich all mein Tage.

Der 3 neuen Lieder, die im Jahr 1656 zum Druck gelangten, ist bereits oben S. 27 gedacht.

5. Die Jahre in Berlin, 1657—1669.

1657 war der Ruf des Berliner Magistrats an Gerhardt zum Diakonat an St. Nikolai gelangt. Nicht nur seine und seiner Frau persönliche Beziehungen zu Berlin, sondern auch das Amt in der Residenzstadt selbst ließen es möglich erscheinen, daß er seine Stellung als Propst und Inspektor aufgab, um ein einfaches Diakonat zu übernehmen. Nach achttägiger Überlegung antwortete er dem Magistrat:[57] „Wenn ich denn nach fleißiger Anrufung des Namens Gottes und reifer Erwägung der so einhelliglich auf mir [so!] gefallenen Votorum so viel abnehme, daß der liebe Gott in diesem Werke seine sonderbare Schickung und Regierung habe, als will mir nicht anstehen, diesem großen und allgewaltigen Herrn zu widerstreben. Nehme derowegen obberührte Vocation im Namen Gottes, wie sie von meinen hochgeehrten Herren mir zugesendet worden, auf und an, der christlichen Hoffnung und Zuversicht, daß fromme Herzen mit dem emsigen Gebete mir zu Hülfe kommen, und daß durch solch ein geringes Organon, wie ich mich[58] erkenne, seine heilige Gemeinde wohl gebauet werden möge, fleißig zu Gott werden seufzen helfen. Der Terminus, so mir zu meinem Anzuge gesetzet, will mir zwar meiner noch obliegenden Amtsgeschäfte und allerhand Haushaltungs-Verrichtungen halber fast zu kurz und geschwinde fallen, jedennoch werde meiner hochgeehrten Herren Belieben auch in diesem mich zu conformieren ich meinem besten Vermögen nach mir angelegen sein lassen." Am 22. Juli verrichtete er die erste Amtshandlung in seiner neuen Stellung. Aber das so freudig übernommene Berliner Amt verwickelte ihn bald in die schwersten Gewissensnöte und führte eine Tragödie herbei, die völlig zu verstehen uns in einer mannigfach veränderten kirchlichen Atmosphäre Lebenden nicht ganz leicht wird. Wir müssen dazu die damals bestehenden konfessionellen Verhältnisse der Mark ins Auge fassen.

Zu Weihnachten 1613 hatte Kurfürst Johann Sigismund[59] aus einer durch Lektüre reformierter Schriften, persönlichem Verkehr mit Fürstenhäusern reformierten Bekenntnisses und persönlichen Aufenthalt in der Pfalz allmählich fest gewordenen Überzeugung seinen Übertritt zu diesem Bekenntnis vollzogen. Nur ein kleiner Teil der Bevölkerung, meist aus den dem Hofe nahestehenden Kreisen, war seinem Beispiel gefolgt — selbst seine Gemahlin hatte Widerstand geleistet; in der großen Masse

des Volks, in der überwiegenden Mehrzahl der Geistlichen und
auch bei den Ständen war Ablehnung dieses Schrittes des
Fürsten und entschlossener Protest gegen jeden Versuch, sie vom
Luthertum abwendig zu machen, die Stellung, die sie fortan
einnahmen. Unter dem Drängen der Stände hatte auch der
Kurfürst auf den naheliegenden Wunsch, sein Volk nach sich zu
ziehen, verzichten müssen, aber eine gewisse Unklarheit der kon=
fessionellen Verhältnisse und ein hochgradig empfindliches Miß=
trauen gegen jede kirchenpolitische Maßregel des Fürsten war
die sehr natürliche Folge gewesen. Der Große Kurfürst, selber
ein entschiedener Anhänger des reformierten Bekenntnisses und
um dessen reichsgesetzliche Anerkennung im westfälischen Frieden
hoch verdient, mit einer Fürstin aus streng reformiertem Hause,
der Oranierin Luise Henriette vermählt, hatte begreiflicher Weise
den Wunsch, die Kluft, die der konfessionelle Streit zwischen
beiden evangelischen Bekenntnissen, zwischen Fürst und Volk,
aufgerichtet hatte, möglichst auszufüllen. An eine Union beider
zu einer Kirche war freilich nicht zu denken; aber sein Be=
streben ging darauf, einmal den Lutheranern die z. T. direkt
gegen den Calvinismus gerichtete Bekenntnisschrift, die Kon=
kordien=Formel, zu nehmen, in der Hoffnung, damit die polemi=
sche Stimmung gegen seine Kirche ihnen abzugewöhnen, ferner
die geistige Verbindung der Märkischen Pastoren mit der streit=
baren Universität Wittenberg zu lösen und endlich auch die
leidige Kanzelpolemik zu unterdrücken, da diese den Gegensatz
beständig schärfte und mit der beliebten Kampfesart, dem Gegner
alle erdenklichen bösen Konsequenzen seiner Lehrweise zu im=
putieren, ein ruhiges, sachgemäßes Urteil über die bestehenden
Lehrdifferenzen unmöglich machte. So begreiflich von seiner
Seite diese Kirchenpolitik war, so verständlich ist aber auch das
Mißtrauen und der Widerstand, auf den er dabei bei den
lutherischen Geistlichen und den Gemeinden stieß. Nicht nur
daß diese in den Calvinisten Eindringlinge sahen, die sich in
einen Teil ihres kirchlichen Besitzstandes gesetzt hatten, und
durch die reformierte Taktik, ihre Lehre als das erst völlig
durchgeführte Werk der Reformation zu bezeichnen, die Luthe=

raner aber als noch hie und da im Papismus stecken Gebliebene zu betrachten, sich gereizt fühlten: es vollzog sich jetzt auch die traurige Konsequenz davon, daß man sich gewöhnt hatte, den Heilsglauben mit der theologisch entfalteten Kirchenlehre zu verwechseln. Als Bruder konnte man nur den anerkennen, mit dem man in allen Lehrstücken der Dogmatik übereinstimmte; selbst der Christenname konnte denen, die in der Lehre abwichen, kaum zugebilligt werden. Ein Freund Gerhardts, Mag. Heinzelmann, predigte im Eifer: „Wer nicht lutherisch ist, der ist verflucht"[60], und Gerhardt selbst gab ein Gutachten ab, in dem sich die Worte finden: „Ein Christ ist derjenige, welcher den wahren seligmachenden Glauben rein und unverfälscht hat, auch die Früchte desselben in seinem Leben und Wandel sehen läßt, also kann ich die Calvinisten qua tales nicht für Christen halten."[61] Diese Verwechslung von Glauben und Kirchenlehre machte auch ein friedliches Nebeneinander beider Konfessionen außerordentlich schwer und führte Gewissenskonflikte herbei, die sonst unbegreiflich wären.

Nun ergriff der große Kurfürst seit 1656 Maßnahmen der lutherischen Kirche gegenüber, die als ein Eingriff in ihr Heiligtum erscheinen mußten. Eine Verordnung an das Berliner Konsistorium (eine aus Reformierten und Lutheranern gemischte Behörde) vom 3. Dez. 1656 schaffte bei den Ordinationen die Verpflichtung auf die Konkordien-Formel ab; eine andre im Frühjahr 1657 verwies alle Ordinationen (und damit auch die Examina) allein nach Berlin. Als nun der Unwille einzelner Pastoren sich dagegen in der Predigt Luft machten, folgte disziplinarisches Einschreiten gegen sie nach.[62] Dann ließ der Kurfürst 1659 eine Predigt seines reformierten Hofpredigers Bartholomäus Stosch[63] drucken, in der dieser durch Darlegung des Gemeinsamen in beiden Bekenntnissen für eine Vereinigung beider plädierte, jedenfalls aber für eine Verträglichkeit beider mit sanftmütigem Geiste, zugleich aber sich dahin aussprach, daß die Reformierten den Lutheranern ja doch nur die Wahrheit bringen wollten.[64] Natürlich bewirkte diese Schrift tatsächlich nur neues Mißtrauen. Auch die an sich verständige

Verfügung, daß bei den Kandidaten-Examina mehr auf Bekanntschaft mit der hlg. Schrift, als auf „subtile Streit- und Schulfragen" gesehen werden solle (März 1662), erschien jetzt als ein Versuch, die jungen Theologen vom Studium der lutherischen Dogmatik und Polemik, und damit von der Wehr gegen den Calvinismus abzulenken.⁶⁵) Kurz darauf (2. Juni 1662) erschien das von Stosch verfaßte Toleranzedikt. Im Anschluß an Johann Sigismunds Edikt von 1614 verbot es den Lutheranern das „Verdammen und Verketzern der Personen oder Kirchenlehrer und die höhnische Verstellung oder Verkehrung der Lehren" der Reformierten. Bei der Ordination sollte jeder Ordinand durch Revers sich verpflichten, danach zu handeln. Es war offenbar ein Edikt im Interesse des reformierten Bekenntnisses⁶⁶).

Nun hatte in den Tagen vom 1.–9. Juni 1661 in Kassel ein Religionsgespräch zwischen Vertretern beider evangelischer Konfessionen mit überraschend irenischem Ausgang stattgefunden.⁶⁷) Landgraf Wilhelm VI. von Hessen hatte seine reformierten Marburger Theologen den lutherischen Theologen der Universität Rinteln gegenübergestellt und sie über die Differenzpunkte Abendmahl, Prädestination, Christologie und Taufe verhandeln lassen. Betreffs dieser Lehren war friedfertig festgestellt worden, wie weit die Einigkeit reichte und worin man differierte; man war darin übereingekommen, daß man in den für Glauben und Seligkeit grundlegenden Artikeln einig sei, und hatte sich gegenseitig als Glieder der wahren Kirche und als Glaubensgenossen anerkannt; man hatte beschlossen, die Kanzelpolemik wider einander einzustellen und die strittigen Lehren so zu behandeln, daß man weder Personen angreife, noch den Gegnern Konsequenzen zuschöbe, die diese nicht anerkennten. Auf Wunsch der Kolloquenten wendete sich der Landgraf nun auch an Brandenburg mit der Aufforderung, diesem Friedensbunde beizutreten. Der Große Kurfürst hatte natürlich an dem unerwartet günstigen Ergebnis seine Freude; um so mehr war er entrüstet, daß die Wittenberger unter Abraham Calovs Führung das Entgegenkommen der lutherischen Professoren aus Rinteln heftig als einen Verrat an der Wahrheit angriffen und den Reformierten die Bezeichnung „Evangelische" absprachen. Am 21. August 1662 schrieb er auch für Berlin ein solches freundschaftliches Religionsgespräch aus: die Geistlichen von Berlin und Cölln sollten sich mit seinen Hoftheologen unterreden. An demselben Tage erließ er aber auch ein Verbot des Besuchs der Wittenberger Universität. Kein Wunder, daß, als am 1. September das Religionsgespräch begann, hier keine so friedfertige Stimmung vorhanden war, als in Kassel: den Geistlichen von Nikolai, Marien und Petri, unser Gerhardt unter ihnen, standen Stosch und zwei andere reformierten Theologen gegenüber, den Vorsitz führte der reformierte Oberpräsident, der Liederdichter, Oberhofmeister und geistliche Berater der Kurfürstin, Reichsfreiherr Otto von Schwerin.[68]) Sehr überlegt[69]) lautete die den Lutheranern vorgelegte Frage: ob in den in Brandenburg anerkannten reformierten Bekenntnissen etwas gelehrt werde, wodurch der, der es glaube, nach göttlichem Urteil verdammt sei, oder etwas verneint oder verschwiegen sei, ohne das man nicht selig werden könne. Aber die Berliner lutherischen Geistlichen — die von Cölln waren entgegenkommender, wurden aber auch von den Berlinern nicht mehr als vollwichtige Lutheraner, sondern als „Synkretisten" beurteilt — forderten zunächst Einberufung der Geistlichen auch andrer märkischer Städte. Ein Votum von P. Gerhardt zeigt uns von vornherein den ablehnenden Standpunkt, wie ihn die Gesamtanschauung und das Mißtrauen gegen Stosch und Genossen, ja gegen die kurfürstliche Kirchenpolitik hier geschaffen hatte: „man will uns durch dieses Colloquium zu einem solchen Frieden bringen, da die Reformierten bei ihren vorigen Lehrpunkten verbleiben und doch gleichwohl die Lutheraner sie vor Brüder erkennen und annehmen sollten. Solchen Frieden wird mit Gottes Hülfe keiner unter uns lutherischen dem Ministerio Berolinensi zugetanen Predigern eingehen. Und eben daher werden wir von unserm Gegenteil als ungehorsame, widerspenstige, friedhässige ausgerufen und bei unserm gnädigsten Herrn in die höchste Ungnade gebracht werden."[70]) Man gewinnt aus den vorliegenden Akten=

stücken den Eindruck, daß, wenn Gerhardt auch in der Öffentlichkeit hinter dem das Wort führenden, amtsälteren Archidiakonus Reinhardt zurücktrat, er doch durch seine im Kreise seiner Amtsbrüder abgegebenen, oft sehr ausführlichen Vota eine vollwichtige, sehr entschiedene und klare Stellung einnahm. Er bekennt sich rückhaltlos „mit Herz und Mund" zur Konkordienformel; ihm ist unzweifelhaft, daß in der Lehre von der Gnadenwahl, Person Christi, Taufe und Abendmahl die Gegner Lehrpunkte treiben, die Gottes Wort zuwider sind, und daß sie daher, wenn sie nicht bei Zeiten Buße tun, ein schweres Urteil im göttlichen Gericht über sich nehmen müssen. (Falsche Lehre ist Sünde!) Stosch und Genossen sind ihm Männer verstockten und verhärteten Herzens, mit denen sich kein Friede schließen läßt. Im Interesse der Widerlegung des Irrtums ist es aber auch erforderlich, aus den Lehren der Gegner die Konsequenzen zu ziehen, um an diesen das Fehlerhafte und Schriftwidrige recht deutlich zu machen. Er gibt zwar zu, daß es unter den Reformierten Christen gibt, aber daß sie qua Reformierte seine Mitchristen und Mitbrüder seien, lehnt er entschieden ab. Auch kann er ihnen nicht zugestehen, daß sie zu ihren irrigen Lehren durch ihr Gewissen getrieben würden; wenigstens ist das nicht nur ein irrendes Gewissen, sondern man muß auch wenigstens von den Theologen unter ihnen sagen, daß sie dabei gegen ihr aus Gottes Wort oftmals eines Besseren belehrtes Gewissen handeln, „sie verhärten und verstocken sich selbst und wollens nicht sehen."[71]

Das Gespräch rückte bei dem dabei angewendeten Verfahren, schriftliche Erklärungen abzugeben, die erst durch schriftliche Vota sämtlicher Teilnehmer vorbereitet wurden, nur sehr langsam vor und wurde nach 16 fruchtlosen Sitzungen am 29. Mai 1663 von Schwerin abgebrochen, dabei alle Schuld den Lutheranern zugeschoben: der Zorn des Kurfürsten traf ihren Wortführer Reinhardt, obgleich sich sämtliche Berlinische Geistlichen mit ihm solidarisch erklärt hatten. Der Kurfürst wünschte zwar Fortsetzung des Gesprächs, doch jetzt mit Ausschluß der Berliner; Schwerin sollte andere Geistliche dazu be-

rufen — aber er fand im Lande keine dazu willigen Leute.
Nun erging am 16. Sept. 1664 abermals ein (von Stosch verfaßtes) Toleranzedikt, das das gegenseitige Richten und Verketzern untersagte, um „evangelischen Kirchenfrieden" herbeizuführen.[72]) Es wurden die Vorwürfe und die Scheltnamen (darunter auch der Name „Synkretisten" als Bezeichnung der die Schärfe des Gegensatzes Mildernden) einzeln aufgeführt, mit denen keiner den andern hinfort belegen dürfe, dazu wurde verordnet, daß die lutherischen Geistlichen bei Taufen auf Wunsch ihrer Gemeindeglieder den Exorcismus („Fahr aus, du unreiner Geist," usw.) unterlassen sollten. Die Berliner Geistlichen wurden beim Kurfürsten vorstellig (29. Okt. 1664): die Befolgung dieses Edikts werde sie von der lutherischen Gesamtkirche abtrennen; er möge ihnen doch bei ihrem lutherischen Gottesdienst die gleiche Ruhe gönnen, der sich die Päpstler bei ihrer Finsternis sogar in seinen Landen erfreuen dürften. Der Kurfürst schickte ihnen ihre Supplikation ungnädig zurück und drückte ihnen sein Mißfallen aus, daß sie so „wenig Zuneigung zum Kirchenfrieden hätten" (2. Nov. 1664).[73]) Zugleich wurde jetzt auch von den bereits im Amte befindlichen Geistlichen die Unterschrift jenes Reverses (oben S. 42) bei Vermeidung der Amtsentsetzung verlangt. Die Berliner Geistlichkeit wandte sich jetzt mit der Bitte um Beratung an die theologischen Fakultäten Leipzig, Helmstedt, Jena und Wittenberg, sowie an die geistlichen Ministerien von Hamburg und Nürnberg. Helmstedt wich vorsichtig einer Antwort aus, Nürnberg bejahte, die andern verneinten die Statthaftigkeit, daß Lutheraner diesen Toleranzedikten Gehorsam leisten könnten. Ein den Geistlichen in Stendal von der Magdeburger Geistlichkeit gegebenes Gutachten und die Polemik der Wittenberger Fakultät gegen dieses friedfertige Votum lenkte die Aufmerksamkeit des Kurfürsten darauf, daß sein Edikt Gegenstand öffentlicher literarischer Verhandlungen geworden war. Den Berlinern wurde aufgegeben, die bei ihnen eingegangenen Gutachten abzuliefern; sie erhielten am 28. April 1665 vor dem Konsistorium einen scharfen Verweis und sollten sofort den Revers unter-

zeichnen, dessen ursprüngliche Form lautete: „Sr kurf. Durchl. in Edictis de anno 1614, 62. 64 enthaltene christliche Intention wegen der Kirchen=Toleranz betreffend, erkläre ich N. N. mich gegen S. kurf. Durchl. untertänigsten Gehorsams, und daß ich jederzeit Gott mit herzlichem Gebet um Beförderung solcher Kirchen=Toleranz anrufen, auch nicht unterlassen will, alle Mittel, so zur Kirchen=Toleranz vorgeschlagen werden, anzunehmen. Will auch in Traktierung der Controversien mich der besten Moderation gebrauchen, den Elenchum nebst der Form. Conc. omittieren, den Exorcismum mitigieren und ändern, und den obbemeldeten Edictis in allen Klauseln gehorsamlich nachleben. So wahr mir Gott helfen soll durch Christum."[74] Propst Lilie und Archidiakonus Reinhardt, zuerst befragt, weigerten sich standhaft, die Unterschrift zu leisten; da wurden diese beiden sofort amtsentsetzt, den vier andern aber also auch unserm Gerhardt — angekündigt, damit seien die bestraft, die sie bisher verführt hätten, unter deren Einfluß sie der Unterschrift sich enthalten hätten. Mannhaft baten darauf diese vier in einer Eingabe vom nächsten Tage den Magistrat, als Patron, sich dafür zu verwenden, daß man ihre Herren Kollegen ohne Unterschrift wieder einsetze, sonst müßten auch sie sich absetzen lassen, da auch sie sich zu solcher Unterschrift mit gutem Gewissen nicht verstehen könnten.[75] An demselben Tage zeigten sie dem Kurfürsten an, daß sie zwar im allgemeinen geneigt wären, dem Inhalt der Edikte nachzuleben, daß aber noch etliche Gewissensskrupel ihnen die Unterschrift unmöglich machten: sie würden ihre Bedenken Punkt für Punkt baldigst einsenden. Solcher Aufschub sei um so billiger, als ihres Wissens kein Reformierter bisher den Revers unterschrieben habe.[76] Der Magistrat trat kräftig für seine Geistlichen beim Kurfürsten ein. Umgehend erging aus dem Schloß an den Magistrat die ungnädige Ordre, „daß die ordentlichen Predigten indessen von andern verrichtet werden sollten"[77] — also es blieb bei jener Suspension. Am 1. Mai reichten alle sechs ihre „Gewissensskrupel" dem Kurfürsten ein,[78] und als sie erfuhren, daß diese Eingabe bei dem Kurfürsten nur eine „ungnädige Empfindung" erregt hatte, ließen sie noch ein zweites Schreiben folgen, in dem sie versicherten, daß sie sich nach dem Zeugnis ihrer Zuhörer bisher schon von selbst alles „unchristlichen Verdammens, Verlästerns und Schmähens enthalten", auch ferner in Lehre und Widerlegung alle christliche Bescheidenheit brauchen, auch nur solche Konsequenzen dem Gegner vorrücken würden, die sich ausdrücklich in dessen Schriften fänden, daß sie auch mit herzlichem Gebet Gott um Beförderung des „wahren" Kirchenfriedens anrufen und nichts unterlassen würden, was zu einer „Gott wohlgefälligen und auf dem Grunde der Wahrheit erbauten" Toleranz ersprießlich sein werde.[79] Diese ihre Deklaration, so hofften sie, sollte dem Kurfürsten statt des geforderten Reverses genügen. Gleichzeitig schrieben sie jetzt auch an die Kurfürstin als an ihre gnädigste Landesmutter, sie möge durch ihr „wohlangenehmes und höchst zuverlässiges" Wort den Kurfürsten ihnen in Gnaden wieder zugetan machen.[80] Gegenüber der Beunruhigung des ganzen Landes durch diese Vorgänge ließ jetzt der Kurfürst eine „Deklaration" ausgehen: seine Religionsedikte wollten keines Untertanen Gewissen und Religion Gewalt antun, auch nicht eine „Religionsmengerei" einführen oder die lutherischen Religions-Exercitia verhindern oder verändern, sondern allein Mißtrauen, Bitterkeit und Haß wegen ungleicher Religion zwischen Obrigkeit und Untertanen, Bürgern und Mitbürgern beseitigen. Aber während schon mehr als 200 märkische Geistliche den Revers unterschrieben hätten, verachteten etliche „Übelpassionierte" seine Verordnungen. Daher habe er bei der Widersetzlichkeit der Berliner Geistlichen jetzt an ihrer zweien „ein Exempel statuieren müssen".[81] Noch einmal trat der Magistrat mit seiner Fürsprache ein und bat, der Fürst möge mit der abgegebenen Erklärung zufrieden sein und der Gemeinde zum Pfingstfest die abgesetzten Geistlichen wiedergeben; der Kurfürst erwiderte, daß er zwar Lilie, den er nur für verführt halte, noch Bedenkzeit zur Unterschrift lassen wolle, daß aber Reinhardt sofort Stadt und Land zu verlassen habe, an seiner Stelle habe der Magistrat ihm einen seinen Edikten gehorsamen Geistlichen zur Bestätigung zu prä=

sentieren (17. Mai). Die fünf andern Geistlichen wiederholten noch einmal die Versicherung ihrer moderaten Gesinnung, baten mit den Edikten ihr Gewissen nicht zu beschweren, sondern sie in Frieden bei ihren Bekenntnissen, „dem christlichen Konkordienbuch" (also auch der Konkordien=Formel) zu lassen. Nun traten auch — wie früher unter Johann Sigismund — die Stände für die Geistlichen ein und baten in eingehender Begründung, den Geistlichen die Reverse zu erlassen und die darüber amtsentsetzten Prediger wieder einzusetzen (9. Juni). Im Namen des Kurfürsten antwortete Schwerin beschwichtigend, aber doch zugleich ihre Bitte entschieden zurückweisend. Sofort wendeten sie sich abermals an den Kurfürsten und baten, er selbst wolle ihnen erklären, daß er sie bei „ungemolestierter Übung" der lutherischen Religion lassen wolle; er möge den schon im Amt befindlichen Geistlichen keinen Revers abfordern, oder doch die amtsentsetzten begnadigen; betreffs des Exorcismus sei ja freilich eine Unterlassung desselben nach lutherischer Lehre möglich, doch möge er auch hier zarte Gewissen schonen und diesen Teil seines Edikts so lange suspendieren, bis die Gemeinden genügend darüber belehrt seien (17. Juni). Der Kurfürst erwiderte, er könne die Reverse nicht abschaffen, doch möchten sie mit den Geheimräten über ein anderes Formular dafür in Beratung treten. Inzwischen war Lilie, ein 70jähriger Greis, durch den eigenen Sohn bearbeitet, bereit geworden, dem Kurfürsten anzuzeigen, daß er den Edikten wie früher, so auch ferner gehorsam sein werde, er wolle mündlich versprechen, dem Revers gemäß sich zu verhalten. Aber der Fürst forderte die Unterschrift. Der geängstete Mann sendete darauf einen von ihm selbst stilisierten Revers ein, den nun auch der Kurfürst (31. Januar 1666) trotz des andern Wortlauts ausnahmsweise akzeptierte, sodaß er ihn wieder in sein Amt einsetzen ließ. Aber in derselben Verfügung fügte er hinzu: nun fehlten noch die Reverse der andern, „von denen insonderheit der Pfarrer zu St. Nikolai Paul Gerhard die andern nicht wenig von Unterschreibung des Reverses dehortieret." Dieser solle jetzt vorgefordert und zur Unterschrift angehalten, event. mit der Remotion bedroht werden.⁸²) Und damit beginnt die Tragödie unseres Liederdichters.

Am 6. Februar steht Gerhardt vor dem Konsistorium, verweigert die Unterschrift, wird mit Absetzung bedroht; er bittet sich darauf zunächst eine kurze Frist zur Überlegung aus, erklärt aber dann sofort, er habe sich schon längst bedacht und werde sich nicht ändern. Darauf sagte man ihm seine Remotion im Namen des Kurfürsten an. Kaum verbreitet sich die Kunde davon in der Stadt, so verbinden sich die Verordneten der Bürgerschaft, die Deputierten der Tuchmacher und Gewandschneider, der Schuhmacher, Bäcker, Schlächter, Kürschner, Schneider und Zinngießer zu einem Antrag an den Magistrat, daß er beim Kurfürsten für ihren „geliebten Prediger und Seelsorger" sich verwenden wolle. Sofort (13. Febr.) richtet jener eine rührende Fürsprache für ihn an den in Cleve weilenden Kurfürsten. Er habe in seinen Predigten überhaupt nicht über die Religion des Kurfürsten geredet, geschweige denn geschmäht und gescholten. Sein Lehren sei zum Christentum gerichtet gewesen, ebenso sein Leben. Beide Religionen müßten ihm das Zeugnis geben, daß er einen untadelhaften Wandel geführt habe; habe doch der Kurfürst selbst seine Lieder in „sein märkisches Gesangbuch" 1658 aufgenommen — gemeint ist das für die reformierte Hof- und Domkirche bestimmte Rungesche Gesangbuch von 1657/8, das 33 Lieder Gerhardts aus den lutherischen Berliner Gesangbüchern herübernahm. „Sollte nun ein solcher frommer, geistreicher und in vielen Landen berühmter Mann diese Stadt quittieren, wäre zu besorgen, daß ein sonderliches Nachdenken bei den Exteris entstehen und Gott daher unsre Stadt heimsuchen möchte". Der Kurfürst wolle ihm die Unterschrift erlassen und sein Gewissen schonen; er werde ja ohne Unterschrift leisten, was er bisher schon geleistet habe.⁸³) Aber der Kurfürst war ungnädig gesinnt, offenbar von jemand in seiner Umgebung durch allerlei Klatsch in eine gereizte Stimmung versetzt. Er wisse wohl, daß Gerhardt „zu Bezeugung seines hitzigen Gemüts" unaufgefordert erklärt habe, wie er selbst Reinhardt zugeredet habe, nicht zu unterschreiben; auch habe er einmal, als er krank gewesen, die andern Geistlichen zu sich berufen und sie vermahnt, den Revers nicht zu vollziehen. Er sei also gar nicht ein solcher frommer Mann, wie sie ihn beschrieben. Wünschten sie seine Restitution, so möchten sie ihn ernstlich ermahnen, sich eines Besseren zu besinnen. Wer nicht unterschreibe, den dulde er nicht in seinem Lande.⁸⁴) Zum zweiten Mal wenden sich die Vertreter der Bürgerschaft an den Magistrat: sie seien „treue Märker", aber dieser Bescheid des Kurfürsten habe ihnen „das Herz angegriffen", da ihnen treue Prediger und Seelsorger entzogen werden sollten, „welches uns denn so hart angeht, daß wir fast ohnmächtig darüber werden möchten". Sie bäten den Kurfürsten, er wolle Gerhardt „restituieren und unsern jetzigen Predigern samt und sonders die Subscription oder Ausstellung eines Reverses gnädigst erlassen." Und wieder (13. März) richtet der Magistrat ein Bittschreiben an den Landesvater. Aber dieser nimmt das erneuerte Gesuch sehr übel auf. „Unruhige und kirchenfriedhäßige Leute" müßten das angestiftet haben; die Verfasser versündigten sich durch solch unnötiges Lamentieren; der Magistrat habe durch Unterstützung solches Gesuchs nur sein Mißfallen erregt; „ohne Ausstellung des Reverses können wir Paul Gerhard nicht restituieren."⁸⁵) Jetzt mußte der Magistrat schweigen, aber dafür traten die Stände für Gerhardt ein. In längerm Schreiben (17. Juli) baten sie, die evang. lutherischen Prediger von Ausstellung des Reverses zu befreien, und erklärten, die Amtssuspension Gerhardts habe „im ganzen Lande der Religion halben Furcht erwecket", und sie selbst „hoch betrübet", da ihn „beiderseits Religions-Verwandte für einen frommen und exemplarischen und dabei allerdings friedliebenden Prediger" hielten, auch nichts davon bekannt wäre, daß er die Edikte je übertreten hätte; er wolle daher diesen Mann „gnädigst restituieren und seiner Gemeinde, welche danach sehr winselt und verlangt, aus landesväterlicher hoher Clemenz wieder schenken".⁸⁶) Der Kurfürst — offenbar nachdenklich geworden — ließ Schwerin darauf antworten, er wolle sich die Sache wegen der Reverse überlegen; ihr Gesuch wegen

Gerhardts überging er mit Stillschweigen,⁸⁷) dessen Sache blieb noch in der Schwebe bis zur Rückkehr des Kurfürsten von Cleve nach Berlin. Erst zu Anfang des neuen Jahres (9. Jan. 1667) ließ er plötzlich dem Magistrat durch Schwerin eröffnen, weil er über Gerhardt keine Klage vernommen, außer dem daß er nicht habe unterschreiben wollen, so nehme er an, daß er die Meinung seiner Edikte nicht recht begriffen habe; daher wolle er ihn hiermit plene restituieren und ihm sein Predigtamt nach wie vor zu treiben verstattet haben. Die von Runge herausgegebene Berlinische Zeitung, der „Sonntagische Merkur" brachte am 12. Januar die offiziöse, von Schwerin selbst verfaßte Nachricht: - „Wie Sr. Churf. Durchlaucht . des bishero ab Officio suspendierten Predigers, Herrn Paul Gerhards Unschuld und Moderation gerühmet worden, haben Sie alsofort befohlen, denselbigen wieder in sein Amt zu restituieren". Es gab bei Hofe Leute, die an dem Worte „Unschuld" Anstoß nahmen, und Stosch brachte geschäftig die Beschwerde darüber vor den Kurfürsten — aber der flüsterte ihm zu, Schwerin habe das Wort in die Zeitungsnotiz hineingebracht, und man nahm bei Hofe an, dieser habe dabei unter Einfluß seiner Frau, einer Lutheranerin, gestanden. Auch eine Flugschrift nahm dies Wort „Unschuld" auf: „denn ist P. Gerhard unschuldig, warum ist er gleichwohl ab officio suspendiert worden?"⁸⁸)

Am Abend des 9. Januar hatte noch der Kurfürst einen seiner Geheimen Sekretäre zu Gerhardt in die Wohnung geschickt, um ihm seine Wiedereinsetzung ins Amt ohne Unterschrift des Reverses zu melden; dieser hatte seiner Botschaft die Bemerkung angeschlossen, „S. Churf. Durchl. lebten der gnädigsten Zuversicht, er würde sich dennoch allemal dero Edictis gemäß zu bezeigen wissen". Diese Worte wurden nun für den Mann mit engem und ängstlich gewordenem Gewissen der Stein des Anstoßes, an dem er nicht vorüber konnte. Wohl hatte er zunächst wieder Amtsgeschäfte an der Nikolai-Kirche verrichtet, aber schon am 19. Januar läßt ihn sein Gewissen keine Ruhe, er muß seine Bedenken seinem Patron, dem Magistrat, vortragen: er könne die Concordien-Formel nicht von den Bekenntnissen seiner Kirche ausschließen lassen, und seine „Moderation" habe die Voraussetzung, daß man ihn auch bei diesem Bekenntnis lasse; er wolle ja seiner lieben Gemeinde von Herzen gern dienen, aber es müsse doch ohne Verletzung seines Gewissens geschehn. „Wenn ich einen nagenden Wurm meines Gewissens mit hineinbringen sollte, würde ich der elendeste Mensch auf Erden sein". So könne er z. Z. die Kanzel noch nicht wieder betreten. Der Magistrat suchte ihn jetzt durch Mitteilung des Protokolls über ihre Audienz beim Kurfürsten vom 9. Januar zu beruhigen, das den Zusatz, den jener Beamte Gerhardt mündlich gemacht, nicht enthielt. Aber dieser blieb in seiner inneren Not und entzog sich nun auch den bisher wieder von ihm übernommenen Casualien. Er klagte nun auch dem Kurfürsten seine Not: Gehorsam gegen die Edikte schließe den Verzicht auf die Concordien=Formel in sich, und dazu sei er nicht imstande. Der Magistrat unterstützte diese seine Eingabe durch die Bitte, ihm „mit einer gnädigsten Erklärung aus seinen Gedanken zu helfen". Aber nun restribierte der Kurfürst kurz und bündig (4. Febr.): „Wenn der Prediger Paulus Gerhard das ihm von Sr. C. T. gnädigst wieder erlaubte Amt nicht wieder betreten will, welches er denn vor dem höchsten Gott zu verantworten haben wird, so wird der Magistrat ehestens einige andre friedliebende geschickte Leute zu Ablegung der Probepredigt einladen"[89]) damit waren die Würfel gefallen: obgleich feierlich durch persönliches Wohlwollen seines Fürsten wieder eingesetzt, lehnte er jetzt aus Gewissensbedenken den Wiedereintritt ab. Es war ein tragischer Konflikt, denn hier stand Gewissen gegen Gewissen. Der Große Kurfürst war sich bewußt, eine heilige landesväterliche Pflicht zu erfüllen, indem er beide Confessionen zu friedlicher Anerkennung des christlichen Charakters der andern zu führen suchte, zu einer ruhigen Pflege der Eigentümlichkeit einer jeden ohne Kanzelstreit und gehässige Polemik, und wenn er zu diesem Zwecke die Concordien=Formel als Störenfried beseitigen wollte. Er war überzeugt, ihr Luthertum intakt zu lassen, wenn er nur die unveränderte Augsburgische Konfession unangetastet ließ. Gerhardt wiederum war in seinem Gewissen an das ihm in der Ordinationsverpflichtung vorgehaltene Bekenntnis incl. Concordien=Formel gebunden: fiel letztere, dann schied für sein Bewußtsein die lutherische Kirche der Mark aus dem Verbande der lutherischen Bekenntniskirche aus. Und dies sein Gewissen war um so empfindlicher, je mißtrauischer so manche Maß= nahme seit 1613 gemacht hatte. Er selbst ein durchaus fried= fertiger Mann, ohne alle Neigung zu jener Art der Polemik, die den Fürsten so reizte und zu seinen Maßnahmen trieb, dabei seinem Kurfürsten mit herzlicher Liebe zugetan: — das macht seinen Konflikt so besonders schmerzhaft. Wie herzlich hatte Gerhardt für seinen Landesherrn Gott gebeten:

> Insonderheit nimm wohl in Acht
> Den Fürsten, den du uns gemacht
> Zu unsers Landes Krone:
> Laß immerzu   Sein Fried und Ruh
> Auf seinem Stuhl und Throne.[90]

Und als 1652 ein Komet erschienen war, wie hatte er da bei dem Glauben der Zeit, daß ein solcher Stern den Tod eines Großen bedeute, Gott angefleht:

> Erhalt uns unsern Herrn,
> Den schönen, edlen Stern,
> Laß uns sein Licht beleuchten,
> Laß seinen Tau uns feuchten,
> Daß wir uns seiner freuen
> Und unter ihm gedeihen.[91]

Und nun, wo ihm dieser seine Gnade erzeigen wollte, verbot ihm sein Gewissen, sie anzunehmen. Wir verstehen, wie er unter dieser Gewissensnot gelitten hat, wie er darunter ein alter, gebrochener Mann geworden ist. Aber wer hätte nicht auch Respekt vor einer solchen Gewissenhaftigkeit — auch wenn er freudig anerkennt, daß der Kurfürst in dieser Sache der Träger einer heilsamen Fortentwicklung in dem Verhältnis der evangelischen Bekenntnisse zu einander gewesen ist. Wie weit die Kurfürstin Luise Henriette bei der gnädigen Wiedereinsetzung Gerhardts etwa beteiligt gewesen war — man hat ihren Einfluß dabei oft vermutet, oft direkt behauptet — darüber fehlen uns die

Beweisstücke; übrigens nahm man an, daß sie als Calvinistin an deren Begünstigung durch den Kurfürsten nicht unbeteiligt wäre, wie sie auch bei den Berlinern nicht sonderlich beliebt war, da man ihr nachsagte, sie habe für die märkischen Untertanen kein Herz.[92]

Der Magistrat gab noch immer die Hoffnung nicht auf, Gerhardts Bedenklichkeit schwinden zu sehen, und zögerte daher mit der Wiederbesetzung seiner Stelle; er betrachtete ihn noch als Inhaber derselben. Als nun der Kurfürst am 6. Juni der Bitte der Stände willfahrte und die Reverse gänzlich aufhob,[93] da gewann diese Hoffnung neue Nahrung; dazu lud ein „vornehmer Herr" lutherischen Bekenntnisses (doch wohl im Auftrage des Kurfürsten?) jetzt noch Gerhardt zu einem „Privat-Diskursus" ein, um ihn zum Wiedereintritt in sein Amt aufzufordern. Dieser hat in einem langen Aufsatz darüber berichtet und dargelegt, warum auch jetzt noch sein Gewissen gebunden war.[94] Der Punkt, um den er auch jetzt nicht herumkam, war, daß er dann die Concordien-Formel, dies „himmlische, göttliche, heilige und selige, nützliche und höchstnötige Bekenntnis", „von sich legen und gar verleugnen müßte", und daneben der andre, daß es ein ganz ander Ding sei, wenn er in Gebrauch seiner christlichen Freiheit auf der Kanzel die Calvinisten nicht angreife, oder wenn ihm verboten werde, wider sie zu predigen; er könne den Edikten nur einen eingeschränkten Gehorsam versprechen. Da auch dieser Versuch fehlgeschlagen, drang nun der Kurfürst auf Wiederbesetzung der Stelle Gerhardts (31. Aug.). Noch einmal petitionierte die Bürgerschaft für ihn, und der Magistrat bat noch im September um einige Wochen Aufschub wegen Bestellung eines Nachfolgers. Den Mann, den der Kurfürst für die Stelle bezeichnete, lehnte der Magistrat ab; andre, die der Magistrat dann berief, lehnten ihrerseits ab. So blieb die Stelle bis tief ins Jahr 1668 tatsächlich offen; Gerhardt war bis dahin unangefochten in seiner Dienstwohnung geblieben, hatte auch noch gewisse Einnahmen seiner Stelle fortbezogen. Auch die Gemeinde sorgte durch freiwillige Gaben für seinen Unterhalt. Man kann nur sagen, daß Patron und Gemeinde in rührender Weise für den „frommen, geistreichen und exemplarischen Mann, der kein Kind erzürnen täte,"⁹⁵) gesorgt hatten.

In diesen Kampfeszeiten war Gerhardt auch mit dem Vorkämpfer des scharfgeschnittenen, stets kampflustigen Luthertums, Abraham Calov in Wittenberg, in Briefwechsel getreten. Gabriel Wimmer sah diese Briefe noch in der Mitte des 18. Jahrhunderts — seither sind sie leider verschollen.⁹⁶) Wie diese amtlichen Verhältnisse ihm den Dienst in Berlin zu einer Tragödie gestaltet hatten, so waren auch seine häuslichen Verhältnisse ihm die Quelle mannigfacher Trauer geworden. Sein erstes Kind hatte er in Mittenwalde begraben, eine zweite Tochter, Anna Katharina, wurde ihm in Berlin am 15. Januar 1658 geboren, aber nach einem Jahre mußte er auch diese wieder hergeben (25. März 1659). Dann schenkte seine Frau ihm einen Sohn Andreas, der bald nach Geburt und Taufe starb. Erst der zweite Sohn, Paul Friedrich (getauft am 25. August 1662) blieb ihm erhalten und sollte auch den Vater überleben. Ein dritter Sohn, Andreas Christian, geboren im Februar 1665, verstarb schon nach einem halben Jahre. Jetzt aber, in den Tagen der Amtslosigkeit, im März 1668, mußte er auch seiner Ehefrau die Augen zudrücken; hinter der Kanzel der Nikolaikirche fand sie bei ihren Kindern ihre Ruhestätte. Es fügte sich für den Vereinsamten glücklich, daß ihre Schwester Sabine, verehelichte Fromm, die jetzt Witwe war,⁹⁷) in sein Haus ziehen und dem einzig überlebenden Sohne die Mutter ersetzen konnte.

Die Berliner Jahre sind nicht mehr so liederreich, wie die vorangegangenen: doch fehlt es nicht an mancherlei, z. T. noch sehr wertvollen Liedergaben. Zunächst fehlte es wieder nicht an Anlässen zu Gelegenheitsgedichten. So bei dem Tode eines Kindes seines Kollegen, Diakonus Heinzelmann an Nikolai, 1659:

Leid ist mirs in meinem Herzen;

dann in demselben Jahre auf den Tod des Kammergerichts-Advokaten Chr. Lindholz, in Alexandrinern:

Herr Lindholz legt sich hin und schläft in Gottes Namen.

Eines noch nach Mittenwalde 1660 gespendeten Liedes ist bereits oben S. 22 gedacht. Dann starb dem Bürgermeister von Berlin, Michael Zarlang, 1660 ein Sohn und wieder 1667 eine Tochter; beide Male spendete er Trost im Liede:

1660: Liebes Kind, wenn ich bei mir
1667: Weint! und weint gleichwohl nicht zu sehr!

Zarlang, der von 1657—71 Bürgermeister war, redete also aus persönlicher Erfahrung, wenn er unermüdlich so warm für seinen Seelsorger sich beim Kurfürsten verwendet hatte. Ebenso tröstete Gerhardt „aus nachbarlicher Freundschaft und wohlmeinendem Herzen" den Landrentmeister von der Linden beim Tode seiner Gattin, 1661:

O wie so ein großes Gut.

Als alter Wittenberger sendete er seinen Trauergruß 1664 dorthin, als Abraham Calovs Tochter, die Ehefrau des Professors der Jurisprudenz Wilh. Lyser,[98] verstarb:

Nun sei getrost und unbetrübt.

Und noch im Februar 1668, kurz vor dem Heimgang seiner eigenen Frau, dichtete er nach dem Tode des Rates Premel in Berlin, anknüpfend an dessen letzte Worte: „Ich bin in Christus, und Christus ist in mir," das Lied:

Wer selig stirbt, stirbt nicht!

In andern Fällen lieferte er als seine Beileidsbezeugung lateinische Verse, so, als dem Rektor am grauen Kloster, Jakob Helwig, 1661 die Frau starb, ebenso beim Tode der Gattin des Bürgermeisters Weber, beim Abscheiden des Archidiakonus an St. Marien, Rösner, 1661, auch nach außerhalb beim Tode des Frankfurter Professors der Physik Hoffmann.[99] Gelegenheitsarbeiten waren es auch, wenn er seinem jungen Freunde Joachim Pauli,[100] der 1650ff. Schüler des grauen Klosters gewesen und nach Beendigung seiner Studien als Hauslehrer in Berlin lebte, zu seiner Schrift „… Vorschmack der traurigen und fröhlichen Ewigkeit," 1664, in der dieser sein schönes Lied „Zion, gib dich nur zufrieden" veröffentlichte, das Lied beisteuerte:

Hörst du hier die Ewigkeit

und ebenso dessen Vier geistlichen Liedern „zur Bezeugung guter Zuneigung" den Sang beifügte:
> Unter allen, die da leben,

dessen zweite Strophe lautet:
> Unter allen, die da singen
> Und mit wohlgefaßter Kunst
> Ihrem Schöpfer Opfer bringen,
> Hat ein jeder seine Gunst;
> Doch ist der am besten dran,
> Der mit Andacht singen kann.

Joachim Pauli erwies sich dankbar, indem er 1665 bei dem Trauerfall im Hause Gerhardts (oben S. 55) diesem ein Trostgedicht widmete.

Aber auch an andern Liedergaben fehlt es nicht ganz. Die neue Ausgabe der Crügerschen Praxis pietatis von 1661 bringt vier neue Lieder:
> Also hat Gott die Welt geliebt
> Herr, aller Weisheit Quell und Grund

(im Anschluß an Weish. Sal. 7—9)
> Jesu, allerliebster Bruder —

(gleich früheren Umdichtung eines Gebets aus Joh. Arndts Paradiesgärtlein), und
> Geduld ist euch vonnöten[101]

(nach Hebr. 10, 35—37), mit dem bezeichnenden Schlußvers:
> Geduld ist meine Bitte,
> Die ich sehr oft und viel
> Aus dieser Leibeshütte
> Zu dir, Herr, schicken will.
> Kommt dann der letzte Zug,
> So gib durch deine Hände
> Auch ein geduldigs Ende
> So hab ich alles gnug.

Wir meinen hier schon den müden Pilgersmann zu hören.

Als dann im Jahre 1666 der Nachfolger Crügers im Kantorat an St. Nikolai, Johann Georg Ebeling, eine Gesamtausgabe der Lieder Gerhardts begann, in zehn Heften mit je einem Dutzend Liedern, da kamen neben älteren, aber jetzt erstmals gedruckten auch noch neue Lieder aus der Berliner Zeit hervor. Vor allem das herrliche
> Gib dich zufrieden und sei stille.

Hier klingt's doch wie ein Ton aus dem kirchlichen Kampfe, unter dem er leidet:

> Nimm nicht zu Herzen, was die Rotten
> Deiner Feinde von dir dichten;
> Laß sie nur immer weidlich spotten,
> Gott wird hören und recht richten.
> Ist Gott dein Freund Und deiner Sachen,
> Was kann dein Feind, Der Mensch, groß machen?
> Gib dich zufrieden!

Dann finden wir hier seine Umdichtung von 5. Mos. 32, dem Liede Mosis:

> Merkt auf, merkt, Himmel, Erde.

Auch hier klingt's gelegentlich wie ein Zuruf an seine Glaubensgenossen:

> Habt fröhliches Vertrauen
> Und Glauben, der da siegt,
> So wird Gott wieder bauen,
> Was jetzt darniederliegt.

Ferner sein unvergleichlich schönes Pilgerlied

> Ich bin ein Gast auf Erden,

in dem sich viel eignes Erlebnis abspiegelt:

> Verfolgung, Haß und Neiden,
> Ob ich's gleich nicht verschuldt,
> Hab ich doch müssen leiden
> Und tragen mit Geduld.

Aber sein Trost ist:

> Ich wandre meine Straßen,
> Die zu der Heimat führt,
> Da mich ohn alle Maßen
> Mein Vater trösten wird.

Er sehnt sich nach dem Ende der Wanderschaft:

> Die Herberg ist zu böse,
> Der Trübsal ist zu viel;
> Ach komm, mein Gott, und löse
> Mein Herz, wenn dein Herz will.
> Komm, mach ein seligs Ende
> An meiner Wanderschaft,
> Und was mich kränkt, das wende
> Durch deinen Arm und Kraft!

Ferner Psalm 139:

> Herr, du erforschest meinen Sinn,

sein Lied von der „christlichen Todesfreude"
>Was trauerst du, mein Angesicht
Aber auch dem prächtigen „Morgensegen"
>Die güldne Sonne   Voll Freud und Wonne
fehlt der Blick aus des Lebens Not in den Friedenshafen nicht:
>Kreuz und Elende   Das nimmt ein Ende:
>Nach Meeresbrausen Und Windessausen
>Leuchtet der Sonnen gewünschtes Gesicht.
>Freude die Fülle   Und selige Stille
>Hab ich zu warten   Im himmlischen Garten:
>Dahin sind meine Gedanken gericht't.

Zugleich eins der wenigen Lieder, in denen er den von seinem Lehrer Buchner empfohlenen[102]) Daktylus anwendet.

Weniger bekannt geworden ist der entsprechende „Abendsegen":
>Der Tag mit seinem Lichte

Ein Lied aus der Tiefe ist wieder sein 145. Psalm:
>Ich, der ich oft in tiefes Leid

mit der köstlichen 9. Strophe:
>Es muß ein treues Herze sein,
>Das uns so hoch kann lieben

und ebenso charakteristisch ist, daß er jetzt Ps. 62 umdichtet:
>Meine Seel ist in der Stille.

Endlich sind zu nennen der „Trostgesang christlicher Eheleute"
>Wie schön ist's doch, Herr Jesu Christ

und der „wundervolle Ehestand"
>Voller Wunder, voller Kunst (vgl. oben S. 23).[103])

Bei der Fortsetzung der Ebelingschen Gesamtausgabe im J. 1667 kamen auch noch neu hinzu 3 Weihnachtslieder:
>Schaut, schaut, was ist für Wunder dar?
>Kommt und laßt uns Christum ehren (nach der Melodie des Quem pastores laudavere)

und eine Übersetzung eines lateinischen Christ-Wiegenliedlein
>Alle, die ihr Gott zu Ehren

mit dem refrainartigen Schluß
>Eya, Eya, schlaf und ruhe,
>Schlaf, schlaf, liebes Jesulein

vielleicht ein Lied aus früheren Jahren.

Sodann an Umdichtungen biblischer Texte: Ps. 90
>Herr Gott, du bist ja für und für

Hiob 19, 25—27:
> Ich weiß, daß mein Erlöser lebt.

Jesus Sirach 51:
> Ich danke dir mit Freuden

Offenb. 7:
> Johannes sahe durch Gesicht —.

Ferner zwei stark dogmatisierende Lieder über Taufe und Abendmahl:
> Du Volk, das du getaufet bist
> Herr Jesu, meine Liebe

letzteres mit Betonung der von den Calvinisten bestrittenen manducatio oralis:
> Nimms beides mit dem Munde —.

Viel Wertvolles, teilweise Erstklassiges auch noch in diesen Liedern aus der Berliner Zeit; aber man merkt doch auch nicht nur den Druck, unter dem er steht, der schwermütige Zug tritt immer stärker hervor, sondern es findet sich auch Minderwertiges darunter. So wenn er in dem Liede
> Wie ist es möglich, höchstes Licht

sich als „arme Mad' und Wurm" besingt; mit Unbehagen aber lesen wir seine Umdichtung eines lateinischen Poems des Nathan Chyträus:
> Herr, ich will gar gerne bleiben,
> Wie ich bin, dein armer Hund;

mit der geradezu fürchterlichen Strophe:
> Hündisch ist mein Zorn und Eifer,
> Hündisch ist mein Neid und Haß,
> Hündisch ist mein Zank und Geifer,
> Hündisch ist mein Raub und Fraß u. s. w.

Möglich, daß es sich hier um eine Jugendarbeit handelt; aber dann war es ein starker Mangel an Selbstkritik, daß er jetzt noch diese Verse an Ebeling zur Veröffentlichung gab.

4. Die letzten Lebensjahre in Lübben, 1669—1676.

Als 1666 Gerhardts Amtsentsetzung bekannt geworden war, da hatte ein deutscher Fürst freundlich seiner gedacht, Herzog Christian von Sachsen-Merseburg, dessen Vater, Kurfürst

Johann Georg, 1656 sein Land unter seine 3 Söhne geteilt und so neben Kursachsen ein Sachsen-Weißenfels und ein Sachsen-Merseburg geschaffen hatte. Christian lud den ihm lieben Liederdichter nach Merseburg ein. Als dieser ablehnte, bot der Fürst ihm bis zur Wiederanstellung ein Jahresgehalt. So hatte Gerhardt in der schweren letzten Zeit in Berlin materiell keine Not gelitten (vergl. auch oben S. 54). Doch als nun 1668 ein Nachfolger in sein Diakonat an Nikolai einzog, da mußte ihm lieb sein, daß er einen Ruf in ein auswärtiges Amt erhielt. In Lübben, einer Stadt der Niederlausitz, die damals mit zu dem Sachsen-Merseburgischen Anteil geschlagen war, und in der eben damals ein Consistorium und eine Generalsuperintendentur für die Niederlausitz errichtet worden war,104) war das Archidiakonat erledigt. Ein frommer Laie, Rittmeister Engel, wies nachdrücklich auf den „geistreichen, frommen und exemplarischen Mann" in Berlin hin, der dieser christlichen Gemeinde „wohl anständig" sein werde. Nicht ohne allerlei Bedenklichkeiten, die der Generalsuperintendent der Niederlausitz, Mag. Hutten, erhob, — er sei bereits ziemlich betagt und ein alter Mann von 62 Jahren, beziehe auch jetzt von vornehmen Leuten in Berlin mehr Unterhalt, als die Besoldung der Lübbener Stelle betrage — entschloß sich der Rat am 15. Sept. 1668, Gerhardt zu einer Gastpredigt aufzufordern. Am 20. Sept. trug ein Bote diese Einladung nach Berlin. Man hatte dort Erkundigungen über ihn eingezogen; eine derselben empfahl ihn den Lübbenern auch unter dem Gesichtspunkt, daß, falls er (wieder) „zu einer Heirat inklinirte", sich in Lübben dazu Gelegenheit bieten möchte: er sei „noch ein geruhiger Mann."105) Gerhardt griff zu, bat nur wegen häuslicher Angelegenheiten um eine Frist von drei bis vier Wochen. Am 14. Oktober hielt er seine Gastpredigt — die Lübbener hatten einen Wagen geschickt, ihn von Berlin holen zu lassen — seine Predigt gefiel, weniger gefiel ihnen, daß er eine Reparatur und Erweiterung der völlig verwohnten und unzulänglichen Archidiakonatswohnung forderte. Am 29. Oktober wurde seine Vocation ausgestellt, zur Fastenzeit 1669 sollte er anziehen. Aber nun kamen allerlei Widerwärtigkeiten, die seinen Anzug verzögerten und trübten: der Umbau der Wohnung wurde verschleppt, er selbst wurde durch die Erkrankung seines einzigen überlebenden Sohnes und seiner Schwägerin im Februar 1669 sehr beunruhigt — „mein Gemüt ist mir über dem, das ich teils vor mir sehe, teils auch befürchten muß, dermaßen gekränket und beängstiget, daß ich fast nicht weiß, wo ich mich hinkehren und wenden soll"[106]) — in Lübben meinte man jetzt, er habe die Lust verloren, die Stelle anzutreten. Er kam selber herüber, um mündlich die Dinge zu ordnen, fand aber zu seinem Schrecken, daß an der Wohnung noch nichts geschehen war, auch niemand Anstalt machte, sich zu beeilen. Er wurde schriftlich vorstellig, er begehre wahrlich keinen adeligen Sitz, keinen gräflichen oder fürstlichen Palast, aber eine angemessene Priesterwohnung, „darin ein Seelsorger, ein Mann, der so viel große, schwere Last und Arbeit, die der zehnte Teil unter dem gemeinen Mann nicht verstehet, über sich nehmen muß, sich mit den Seinigen nur zur Notdurst aufhalten könnte." Aber je länger, je unlustiger wurde die Gemeinde, jetzt überhaupt für die Wohnung etwas zu tun man fand jetzt seinen Hausstand und seine Ansprüche zu groß. Zur Entschuldigung der Gemeinde kann nur angeführt werden, daß die Stadt die große Feuersbrunst von 1620 und die nachfolgenden schweren Kriegszeiten finanziell noch nicht verwunden hatte. Gerhardt mußte schließlich die Hilfe der weltlichen Obrigkeit, der Oberamtsregierung, anrufen. Die griff ein, und die Bausache kam endlich in Gang. Dann entstanden noch Weiterungen wegen der Amtsgeschäfte, ob er bei Pestilenzzeiten die Gemeinde verlassen werde, ja man geriet in Sorge wegen der Biergerechtigkeit der Stadt, als er für sich in Anspruch nahm, für seinen Hausbedarf fremdes Bier in sein Haus einzulegen — er mußte sich erst gegen den Verdacht wehren, als ob er beabsichtige, einen öffentlichen Schank und Handel mit fremden Bieren zu beginnen. Wir verstehen, daß dem in seiner Berliner Gemeinde so geliebten und geehrten Geistlichen der kleinliche, enge Geist, dem er hier begegnete, sehr unerfreulich sein mußte. Endlich konnte er Ende Mai in Lübben anziehen und am Trinitatisfeste sein Amt beginnen.

Die sieben Jahre seiner Lübbener Amtstätigkeit sind für uns ein leeres Blatt in seiner Lebensgeschichte. Seinen Namen finden wir in den dortigen Kirchenbüchern außer im Sterberegister, wo sein Tod verzeichnet steht, nur noch am 25. September 1669 im Taufregister, wo er dem Diakonus Rudelins ein Söhnlein als Pate über die Taufe hebt. „Man scheint ihm das Leben sauer gemacht zu haben, ohne Ahnung, was man an ihm hatte. Die sieben Jahre seiner Amtsführung sind spurlos vorübergegangen und völlig vergessen."107) Nicht unwahrscheinlich ist freilich auch, daß der Zug zur Schwermut, der in seinen Berliner Gewissensnöten bei ihm bemerkbar wurde, hier zugenommen, und daß er immer bemerkbarer wandermüde geworden war. Kein Lied ertönt mehr von seinen Lippen in dieser letzten Lebenszeit! Mit Recht hat Heinrich Steinhausen vor etlichen Jahren dargelegt, daß auch keine Stadt sich ein so geringes Anrecht auf ein Gerhardt=Denkmal erworben hat, als gerade Lübben.108)

Nur ein wertvolles Dokument aus jenen Jahren ist übrig geblieben, ein schriftliches Vermächtnis für seinen Sohn, das die Summe seiner Lebenserfahrungen und seines Glaubens in sich schließt.109)

„Nachdem ich nunmehr das 70. Jahr meines Alters erreichet, auch dabei die fröhliche Hoffnung habe, daß mein lieber frommer Gott mich in kurzem aus dieser Welt erlösen und in ein besseres Leben führen werde, als ich bisher auf Erden gehabt habe: so danke ich ihm zuvörderst für alle seine Güte und Treue, die er mir von meiner Mutter Leibe an bis auf jetzige Stunde an Leib und Seele und an allem, was er mir gegeben, erwiesen hat. Daneben bitte ich von Grund meines Herzens, er wolle mir, wenn mein Stündlein kommt, eine fröhliche Abfahrt verleihen, meine Seele in seine väterlichen Hände nehmen und dem Leibe eine sanfte Ruhe in der Erde bis zu dem lieben jüngsten Tage bescheren, da ich mit allen Meinigen, die nur vor mir gewesen und auch künftig nach mir

bleiben möchten, wieder erwachen und meinen lieben Herrn
Jesum Christum, an welchen ich bisher geglaubet und ihn doch
nie gesehen habe, von Angesicht zu Angesicht schauen werde.
Meinem einigen hinterlassenen Sohne überlasse ich von irdischen
Gütern wenig, dabei aber einen ehrlichen Namen, dessen er
sich sonderlich nicht wird zu schämen haben. — Es weiß mein
Sohn, daß ich ihn von seiner zarten Kindheit an dem Herrn
meinem Gott zu eigen gegeben, daß er ein Diener und Pre=
diger seines heiligen Wortes werden soll. Dabei soll es nun
bleiben, und sich daran nicht kehren, daß er dabei nur wenig
gute Tage haben möchte; denn da weiß der liebe Gott schon
Rat zu und kann das äußerliche Trübsal mit innerlicher Herzens=
lust und Freudigkeit des Geistes genugsam ersetzen. Die heilige
Theologiam studiere in reinen Schulen und auf unverfälschten
Universitäten, und hüte dich ja vor Syncretisten, denn die suchen
das Zeitliche und sind weder Gott noch Menschen treu. In
deinem gemeinen Leben folge nicht böser Gesellschaft, sondern
dem Willen und Befehl deines Gottes. Insonderheit 1.) tue
nichts Böses, in der Hoffnung, es werde heimlich bleiben, denn
es wird nichts so klein gesponnen, es kommt an die Sonnen.
2.) Außer deinem Amte und Berufe erzürne dich nicht. Merkst
du denn, daß der Zorn dich erhitzet habe, so schweige stockstille
und rede nicht eher ein Wort, bis du erstlich die zehn Gebote
und den christlichen Glauben ausgebetet hast. 3.) Der fleisch=
lichen, sündlichen Lüste schäme dich, und, wenn du dermaleinst
zu solchen Jahren kommst, daß du heiraten kannst, so heirate
mit Gott und gutem Rat frommer, getreuer und verständiger
Leute. 4.) Tue Leuten Gutes, ob sie dir es gleich nicht zu
vergelten haben, denn was Menschen nicht vergelten können,
das hat der Schöpfer Himmels und der Erde längst vergolten,
da er dich erschaffen hat, da er dir seinen lieben Sohn geschenket
hat, und da er dich in der heiligen Taufe zu seinem Kinde und
Erben auf= und angenommen hat. 5.) Den Geiz fleuch als die
Hölle, laß dir genügen an dem, was du mit Ehren und gutem
Gewissen erworben hast, ob es gleich nicht allzuviel ist. Beschert
dir aber der liebe Gott ein Mehres, so bitte ihn, daß er dich

vor dem leidigen Mißbrauche des zeitlichen Gutes bewahren wolle. Summa, bete fleißig, studiere was Ehrliches, lebe friedlich, diene redlich und bleibe in deinem Glauben und Bekenntnis beständig, so wirst du einmal auch sterben und von dieser Welt scheiden willig, fröhlich und seliglich. Amen."

Wonach er sich hier gesehnt, das ging ihm am 7. Juni 1676[110]) in Erfüllung. Er entschlief, wenn einer Nachricht von Schamelius Glauben zu schenken ist,[111]) unter dem Gebete seiner Glaubensworte aus dem Liede „Warum sollt ich mich denn grämen"

> Kann uns doch kein Tod nicht töten,
> Sondern reißt Unsern Geist
> Aus viel tausend Nöten,
> Schleußt das Tor des bittern Leiden
> Und macht Bahn, Da man kann
> Gehn zur Himmelsfreuden.

Damit war das Lied des Gastes und Pilgers zur letzten Strophe gelangt; nun hieß es:

> Da will ich immer wohnen,
> Und nicht nur als ein Gast,
> Bei denen, die mit Kronen
> Du ausgeschmücket hast;
> Da will ich herrlich singen
> Von deinem großen Tun
> Und frei von schnöden Dingen
> In meinem Erbteil ruhn.

Die Lübbener ehrten hinterher ihren Seelsorger durch ein Ölgemälde, das der Wittenberger Professor Gottl. Wernsdorf mit einem lateinischen Nachruf versah. Da aber Wernsdorf erst 1668 geboren und erst 1699 Professor geworden, so erhellt, daß sie sich einige Zeit dazu gelassen, bis sie diese Ehrung vollzogen. Schön ruft Wernsdorf dem „in Satans Sieb" (Luc. 22, 31) geprüften Manne die Worte nach:

> In Tönen voller Kraft, gleich Assaphs Harfenklängen
> Erhob er Christi Lob mit himmlischen Gesängen.
> Sing seine Lieder oft, o Christ, in heilger Lust,
> So dringet Gottes Geist durch sie in deine Brust.[112])

Auf seine Lieder schauen wir noch einmal zurück, den Dichter vergegenwärtigen wir uns in seiner Eigenart. Er gehört keiner

Dichterschule seiner Tage, keiner der literarischen Gesellschaften oder Orden des 17. Jahrhunderts an. Nie hat er sich um den Dichterlorbeer bemüht. Nicht als ein zünftiger Dichter, sondern als einer, der nur singt, weil's ihm so ums Herz ist, zieht er seine Straße. Ein feines rhythmisches Gefühl, geschult an den von Opitz zum Gemeingut der Zeitgenossen formulierten Regeln, und eine an der deutschen Lutherbibel und der besten Andachts= literatur erzogene Sprache, die sich von Fremdwörtern fast ganz rein hält und die Schwülstigkeit, unter der sonst die Dichtkunst leidet, mit natürlichem guten Geschmack vermeidet, Reichtum an Bildern und Analogieen, Weichheit der Emp= findung, der doch auch zur rechten Zeit kräftige Töne nicht fehlen — das ist die Gabe, die er herzubringt. Wunderbar wie selten ihm in einer Zeit der Geschmacklosigkeit eine Wendung unterläuft, an der sich der Leier von heute stoßen muß. Außer dem bereits S. 60 Angeführten ist etwa noch das „sitze, schwitze" in seinem Ehestandsliede und der mehrfach unterlaufende Aus= druck Kot (Sündenkot und dgl.) zu nennen; es ist aber an= gesichts der Fülle seiner Lieder verschwindend wenig.[113] Er steht ganz und gar im unabgeschwächten, freudigen Bekenntnis zur Lehre seiner Kirche, — aber es ist nicht die Lehre als solche, die er in Verse faßt — nur ganz selten dogmatisiert er (außer in den oben S. 60 angeführten Liedern wohl nur noch in seinem Trinitatisliede). Wovon er singt, das sind die prak= tischen Werte dieses seines Glaubens, das ist das in ihm froh und frei, gottergeben und geduldig, dankbar und hoffnungs= freudig gewordene Christenherz. Daher haben auch seine Lieder, um mit Goedeke zu reden, „den Frieden, den er mit den Re= formierten nicht eingehen wollte, als er lebte, nach seinem Tode mit begründen helfen."[114] Er ist der Sänger der Glaubens= gewißheit in ihrer Anwendung und Bewährung in allen Lagen des Lebens. Mit offnem Blick freut er sich an Gottes Schöp= fung, mit gesunder Natürlichkeit erfaßt er das Menschenleben in seinen Berufspflichten oder in der natürlichen Ordnung der Ehe — nichts Weltflüchtiges und Übergeistliches ist in seinen Liedern, — aber alles erfaßt er von der centralen Gewißheit aus, in Christo einen gnädigen Gott und Vater gefunden zu haben.¹¹⁵) Überraschend ist die Mannigfaltigkeit seiner Themata: ein ziemlich vollständiges Gesangbuch läßt sich aus ihnen zusammensetzen — von Advent bis Trinitatis fehlt kaum für einen der Festtage sein Sang, und auch alle Stimmungen und die verschiedensten Lebenslagen sind bedacht. Aber charakteristisch ist doch, daß keine Gruppe so reich dabei ausfällt, als die der Lieder von Kreuz und Leiden, von Geduld und Trost. Das weist auf seine Lebensgeschichte und zugleich auf den ernsten, schwermütigen Zug in seiner geistigen Physiognomie hin. Wohl kann er in seinem Glauben auch jubeln und danken, wie kaum einer — aber so oft er hier seine Harfe zu Lobgesängen stimmt, sofort tritt der Gedanke hinzu: dort oben kommt erst der volle Lobgesang:

> Ich will dein Alleluja hier
> Mit Freuden singen für und für,
> Und dort in deinem Ehrensaal
> Solls schallen ohne Zeit und Zahl
> Alleluja.

Oder:

> Bitte, wollst mir Gnade geben,
> Dich aus aller meiner Macht
> Zu umfangen Tag und Nacht
> Hier in meinem ganzen Leben,
> Bis ich dich nach dieser Zeit
> Lob und lieb in Ewigkeit.

Dies hängt mit einem andern Zug seiner Frömmigkeit zusammen, den die „geistreiche" Mutter Hippels, des Verfassers der „Lebensläufe", treffend in die Worte gefaßt hat: „Er war ein Gast auf Erden und überall in seinen 120 Liedern ist Sonnenwende gesäet. Diese Blume dreht sich beständig nach der Sonne, und Gerhardt nach der seligen Ewigkeit."¹¹⁶) Mit dieser Hoffnung auf die Seligkeit droben und einer wahrhaft kindlichen Freude darauf sind alle seine Lieder durchtränkt. Mag er von der schönen Sommerszeit singen und mit vollen Zügen ihre Freuden genießen — plötzlich sind seine Gedanken dabei, wie viel schöner es noch droben sein werde; stimmt er sein

Reiselied an und läßt die Rößlein die Beine regen — plötzlich nimmt's die Wendung:

> Er führt uns über Berg und Thal,
> Und wenn's nun rechte Zeit,
> So führt er uns in seinen Saal
> Zur ewgen Himmelsfreud.

Ja selbst sein hausbacknes Lied von der Leibesgesundheit klingt aus: Gib mir

> dort in der Ewigkeit
> Die vollkommne Freude!

Das ist nichts Gekünsteltes bei ihm — das ist die Blume, die stets nach der Sonne der Ewigkeit gerichtet ist. Das ist bei ihm in den Liedern aus allen Zeiten seines Dichtens so schon eins seiner frühesten singt von dem „süßen Brot der Ewigkeit" — aber freilich, je mehr er Kreuzes und Leides erfährt, um so stärker tritt diese Eigenart hervor.

16 seiner Lieder beginnen mit „Ich". Das ist charakteristisch für ihn, denn, wie Achelis [117] mit Recht bemerkt hat, er entwickelt den individuellen Zug im evangelischen Kirchenliede — aber doch ist sein Ich, das seine Erfahrungen, seinen Glauben und seine Hoffnung ausspricht, dabei so typisch gehalten, daß andre immer mitsingen können; seine Lieder bleiben Gemeindelieder. Das hat ihm die nachfolgende Zeit bezeugt, die mit Dank seine Lieder in großer Zahl in die Gemeinde-Gesangbücher aufgenommen und darin festgehalten hat. Zwar sträubten sich viele Kirchen, überhaupt andre Lieder singen zu lassen, als die Luthers. Aber schon 1693 begegnen wir dem Zeugnis: „P. Gerhardt und J. G. Ebeling haben beide eine Zeitlang her viel tausend Christen in ihrer Andacht ermuntert durch ihre sehr wohl gesetzten Lieder, in welchen neben dem, daß nichts Gezwungenes in denselbigen ist, nichts als Geist und Andacht zu finden, die wert wären, daß sie in die Kirchen introducirt würden — wie denn schon manchmal geschiehet Diese Leute haben geredet (gedichtet), getrieben von dem heiligen Geiste." [118]

Erdmann Neumeister führt ihn 1695 in seiner Schrift De poetis Germanicis in die Literaturgeschichte als einen

„wahrhaft chriſtlichen, lieblichen und durchſichtigen" (dulcis, perspicuus) Dichter ein, deſſen Lieder in großer Zahl den Gemeinden vertraut ſeien.¹¹⁹) Es war doch erheblich zu niedrig gegriffen, wenn ein moderner Hymnologe ſchrieb: ſeinen Ruhm verdanke er kaum mehr als einem Dutzend ſeiner Lieder, weitaus die meiſten ſeien nur Mittelgut.¹²⁰) Freilich fehlte es nicht ganz an pietiſtiſchen Krittlern, die da behaupteten, ſeine Lieder nicht ſingen zu können, da er ſie „bei Tabaksrauch" gedichtet haben ſolle;¹²¹) doch haben die Führer der Pietiſten noch mit ihren orthodoxen Gegnern in der Verbreitung ſeiner Lieder gewetteifert. Aber von 1723—1816 erſcheint keine neue Ausgabe derſelben: die Aufklärungszeit verlor den Geſchmack an ihnen, entfernte ſie aus den Geſangbüchern oder dichtete ſie erbarmungslos um.¹²²) Doch findet noch 1787 ein Aufklärungstheologe ein Wort der Anerkennung für Luthers, Riſts und Gerhardts „körnichte" Lieder neben den „trefflichen Gellerts, Klopſtocks, Weiſens, Cronegks, Cramers, Schlegels, Sturms, [Chriſtoph Friedrich] Neanders", ja, er urteilt, Gerhardts Lieder ließen viele neue hinter ſich.¹²³) Das 19. Jahrhundert fand wieder Freude an ſeinem Singen und erkannte, was wir an ihm haben. Will's Gott, ſo hilft das bevorſtehende Jubiläum dazu, daß auch die evangeliſche Gemeinde unſrer Tage ſich des Schatzes, den ſie an ihnen beſitzt, neu bewußt wird, und daß noch ſo manches mit Unrecht in Vergeſſenheit geratene ſeiner Lieder wieder hervorgeholt und mit neuer Freude geſungen wird.

Wie er ſelber von ſeinen Liedern geurteilt, das ſage er noch zum Schluß in ſeinem demütigen Bekenntnis:

Auch wenn ich gleich was wohl gemacht,
So hab ichs doch nicht ſelbſt vollbracht,
Aus dir iſt es entſprungen:
Dir ſei auch dafür Ehr und Dank,
Mein Heiland, all mein Leben lang
Und Lob und Preis geſungen.¹²⁴)

Anmerkungen.

1. Es ist üblich geworden, seinen Namen mit dt zu schreiben, auch wohl seinen Vornamen „Paulus" und nicht einfach „Paul" zu nennen. Dazu sei bemerkt, daß bei dieser Akribie ein Stück Selbsttäuschung mit unterläuft. Wohl steht so sein Name im Wittenberger Album, auch im Lübbener Sterberegister steht „Gerhardt" und mehrfach schreibt er selber seinen Namen „Paulus Gerhardt" (vgl. das Faksimile unter seinem Bilde in Bachmann, P. G.s geistliche Lieder, Berlin 1866). Aber in J. Crügers Praxis pietatis melica heißt er stets Gerhard, ebenso in Ebelings Gesamtausgabe 1666 und 67; auch in den kurfürstlichen Verfügungen heißt er so. Der Leichsermon von 1655 ist verfaßt von „Paulo Gerharten", lateinisch schreibt er sich selber Gerhardus, und auch in deutscher Schrift begegnen wir seiner Unterschrift „Paul" oder „Paulus Gerhard" 1650, 1660, 1667 (vgl. Bachmann S. 304, 308, 310, 312, 313) neben mehrfachem „Paulus Gerhardt". Wir haben es also mit einer völlig flüssigen Namensschreibung zu tun, wie auch im Wittenberger Album die Formen Gerhard, Gerardus, Gerart, Gerhardt, Gerhardus und Gerhart neben einander uns begegnen. Wir behalten, weil es einmal so üblich geworden, die Schreibung Gerhardt bei.

2. Vergl. Tietz, Tabellarische Nachweisung des Liederbestandes, Marburg 1904 (auf Grund von 39 Gesangbüchern); Nelle in Monatsschrift f. Gottesd. u. kirchl. Kunst X 144 ff. 190. Bei Fischer=Tümpel, Das deutsche evang. Kirchenlied des 17 Jahrhs. III (Gütersloh 1906), sind 116 Lieder P. G.s abgedruckt.

3. Mag. Marcus, Pastor in Mühlstedt in den Curiosa Saxonica 1740 S. 188 u. 207 (mir nicht zugänglich gewesen).

4. „Mag. Gallus Döbler, Hofprediger zu Dresden, † 1570", so berichten die Gerhardt=Biographen, zuletzt Paul Kaiser, Leipz. 1906 S. 12, einmütig; aber Hofprediger war er nur 1554 gewesen, schon 1555 als Superintendent nach Eilenburg gekommen (vgl. Gleich, Annales ecclesiastici, Dresden 1730, I 78 ff.). Er war 28. Juni 1549 als Gallus Debler Geitensis [aus Geithain] in Wittenberg immatrikuliert worden und hatte am 11. Februar 1550 dort das Mag.-Examen bestanden (Gallus Dobler). — Die weiteren Angaben über die Familienverhältnisse, die von den herkömmlichen abweichen oder sie ergänzen, entnehme ich dem Aufsatz von Kraft in Ersch u. Gruber, Encykl. s. v. Gerhardt; sie beruhen auf Ermittlungen des Kämmerers F. A. Böhme in Gräfenhainichen

(vgl. auch Gleich a. a. O. I 81, dessen Angaben so undeutlich sind, daß sie eine verschiedene Auffassung zulassen).

5. Vgl. Julius Knipfer, P. G., Leipzig 1906 S. 47. Die während des Druckes dieses Heftes erschienene Festschrift von Kaiser teilt aus den Schulakten (nach Leipziger Tageblatt 7. Juni 1876) mit, daß Pauls Bruder Christian schon 1620 nach Grimma gekommen war, aber dort wenig Ehre einlegte: er lief 1623 davon und mußte durch den Rat von Gräfenhainichen nach Grimma zurücktransportiert werden. Hier wurde er, „in Ansehung seines herzlichen Bereuens cum gratia dimittiert". Was aus ihm weiter geworden, ist unbekannt. Kaiser a. a. O. S. 16 f. Hier auch eine Schilderung der Grimmaer Schuleinrichtungen. Fast möchte man eine Erinnerung an trübe Erfahrungen in der eigenen Familie vermuten, wenn man bei P. G. folgenden Vers liest:

> Wie manches junges, frommes Blut
> Wird jämmerlich verführet
> Durch bös Exempel, daß es tut
> Was Christen nicht gebühret.
> Da hat's denn Gottes Zorn zum Lohn,
> Auf Erden nichts als Spott und Hohn;
> Der Vater muß mit Grämen
> Sich seines Kindes schämen.

(Ebeling, Die Gedichte des P. G., Hannover 1898, S. 102.)

6. Vgl. Gerhardts Lieder, herausgeg. von Goedeke, S. 284, 335, 226, 146, 147.

7. Wangemann, Johann Sigismund u. P. G., Berlin 1884 S. 144.

8. E. E. Koch, Geschichte des Kirchenliedes, ³III 298.

9. Vgl. das Register dieser Streitschriften bei R. Kniebe, Der Schriftenstreit über die Reformation Johann Sigismunds, Halle 1902 S. 110 ff.

10. Ich kenne von seinen Predigten „Für alle Jahr Newes Testaments Geistliches Prognosticon" und „Des holdseligen lieben Jesuleins Himlisch Geburtszeichen", beide Halle 1616; Hallische Landtagspredigten, 1624; ferner die große Sammlung Leichenpredigten Centuria funeralium singularis, Frankf. a. M. 1662. Die Oratio panegyrica, die ihm 1651 Prof. Aug. Buchner hielt, rühmt, wie er die Studenten angehalten habe, fleißig morgens und abends geistliche Lieder zu singen, auch selber ein eifriger Orgelspieler gewesen sei. Seit seinen Jugendjahren habe er auch gedichtet, besonders Epigramme und Idylle (Bl. B u. B2). Ein Hochzeitsgedicht von Röber bei Daniel Sennerts zweiter Eheschließung, 22. Aug. 1626, in Bresl. Stadt-Bibl.

11. Röbers Lied zuerst in Christian Gallus, Hymnodus sacer, Leipzig 1625; abgedruckt in Fischer-Tümpel, Das deutsche evang. Kirchenlied des 17. Jahrhs. I (Gütersloh 1904) S. 479; Gerhardts Umdichtung,

zuerst gedruckt 1667, bei Aug. Ebeling 1898 S. 353; vgl. auch Fischer, Kirchenlieder-Lexikon II 203.

12. Über Buchner vgl. Erdm. Neumeister, De poetis Germanicis, Lips. 1695 p. 19 21; Hoffmann v. Fallersleben in Weimar. Jahrb. II, 1--39; W. Buchner, Aug. B., Hannover 1863; Koch, Gesch. d. Kirchenlieds ³ III 70 ff.: Palm in Allg. d. Biogr. III 485 ff. Beide Ausgaben seiner Poeterey (1663 u. 1665) auf der Bresl. Stadt Bibl. Geistliche Lieder von ihm f. bei Fischer-Tümpel I 488 ff.

13. Teutsche Zeitschr. f. christl. Wissensch. VII (1856) S. 401; Bachmann a. a. O. S. 314 f.: die Übersetzung z. T. mit Benutzung der dort S. 315 mitgeteilten.

14. Im Lateinischen: Herculibus suis!

15. Zu den Worten Deus..ornet..tibi..salute caput sehe ich eine Bezugnahme auf Eph. 6, 17 (Helm des Heils).

16. Original: verbracht. Das Lied bei Ebeling S. 11 ff. Daß der „Paulus Gebhardus" der Unterschrift unser Gerhardt ist, ist nicht zu bezweifeln (vgl. Bachmann S. 297; Goedeke S. 14; Ebeling S. 16).

17. Bachmann S. 301 ff.; Ebeling S. 92 ff.

18. Bachmann S. 90 f.; Ebeling S. 97 ff.

19. Bachmann S. 92 f.; Ebeling S. 100 ff.

20. Bachmann S. 303 f.; Ebeling S. 104 f.

21. Vgl. Wangemann S. 253. Daß diese Aufl. der Praxis ins Jahr 1647, nicht erst ins Jahr 1648 gehört, darüber vgl. Fischer-Tümpel III S. IV u. 295.

22. Es sind seine Betrachtungen, die Lamprecht, Teutsche Geschichte VIII 266, an einen Vergleich von Gerhardts „Nun ruhen alle Wälder" mit Bürgers „Nun ruht, ihr matten Kräfte" und weiter in Ergänzungsband I 208 ff. an den Vergleich mit Claudius' „Der Mond ist aufgegangen" und Bierbaums „Die Nacht ist niedergangen" geknüpft hat über die Fortschritte der Dichter in der Naturbeobachtung. Es ist aber hinzuzufügen, daß eben das, was dabei als Schranke Gerhardts erscheint, die Verwendung seines Abendliedes als Abendgebet für Unzählige möglich gemacht hat.

23. Der Versuch von Karl Bitz in Zeitsch. f. deutschen Unterricht 1893, 521 ff., P. Gerhardt als Verfasser jener vier der Kurfürstin zugeschriebenen Lieder zu erweisen, ist von Aug. Ebeling ebd. 1897, 627 ff. überzeugend entkräftet worden.

24. So ursprünglich; erst J. G. Ebeling bringt die Lesart „Friedensströme" auf.

25. Goedeke S. 23; ähnlich Aug. Ebeling S. 25.

26. Ebeling S. 16.

27. Bachmann S. 129; anders Ebeling S. 166.

28. Ebeling S. 105.

29. Unrichtig ist Goedekes Bemerkung (S. 95), es sei „als ein Zeitgedicht" früh wieder aus den Gesangbüchern verschwunden, finden wir es doch heute noch in 28 der 39 offiziellen Gesangbücher, nach denen Dietz seine Tabellen angefertigt hat.
30. Goedeke S. 3, ebenso Ebeling S. 3.
31. Fischer-Tümpel I 347.
32. Goedeke S. 5, ebenso Ebeling S. 5.
33. Löwensterns Versmaß ist (s. Fischer-Tümpel I 340):
‿ — ‿ — ‿ — ‿ — . Gerhardt bildet eine Strophe, deren erste 4 Zeilen gegen das Löwensternsche Versmaß um einen Amphibrachys verkürzt sind: ‿ — ‿ — ‿ — ‿ ; und dann 4 Zeilen aus je drei Amphibrachen ‿ — ‿. Der amphibrachische Rhythmus ist in der Mehrzahl der Strophen rein und glücklich durchgeführt.
34. Langbecker, Leben und Lieder P. Gerhardts, Berlin 1841 S. 5 f.
35. Faksimile am Schluß des Langbeckerschen Buches, vgl. ebd. S. 7.
36. Langbecker S. 8 f.
37. Vgl. Wangemann S. 151. Wenn ich recht sehe, geht die Überlieferung von dem bösen Charakter der Frau G.s lediglich auf ein Scherzwort des Vaters von Fr. Th. v. Hippel zurück, der als seine Frau von der Schwermut G.s redete, die scherzhafte Bemerkung dazwischen warf: „Warum? weil er ein böses Weib hatte!" Hippels sämtl. Werke I (Berlin 1827) S. 28.
38. Über diese und weitere Mitglieder des Freundeskreises s. jetzt Fischer-Tümpel III 449 ff.
39. Dieses schon 1653 erschienene Lied findet sich dann 1655 in den „Andachts-Zymbeln" des Gubener Kantors Christoph Peter (Peträus).
40. Vgl. Bachmann S. 214, Wangemann S. 254 f.; die Ursprünglichkeit der Lesart „des großen Fürsten" und die Beziehung der Worte auf den Kurfürsten verteidigte außer C. Schulz besonders Kraft in (Ersch und Gruber, Encykl. I, 61, 16 f.
41. Bei Langbecker S. 432.
42. Opp. S. Bernardi, ed. Mabillon, Paris 1719 I 1280. Noch detaillirter werden Gott die einzelnen Gliedmaßen und Wunden des Gekreuzigten in einem Gebet des Anselm von Canterbury vom Betenden vorgehalten: manus . latus . . vestigia . pectus . latus . . viscera . lumina . ora . brachia . crura . pedes . . lacerata membra; s. das Citat aus Anselmi Cantuar. oratio II bei A. Ritschl, Rechtfertigung und Versöhnung² III 527. und dazu desselben Aufsatz in Tentsch-evang. Blätter 1881, 103.
43. Eine ähnliche Verbindung trochäischer Zeilen mit einer jambischen z. B. auch in der Sequenz Matri consolationis bei Kehrein, Sequenzen, Mainz 1873 S. 205 (13. Jahrh.).
44. Opp. S. Bernardi II 908.

45. Wetzer-Welte, Kirchenlexikon ² II 425 (1883). Mone, Latein. Hymnen des Mittelalters I 162 ff. hatte Zweifel geäußert und als Verfasser nur allgemein „einen französischen Dichter" angenommen wegen des Reimes in Nr. IV: recoude – profunde.

46. B. Hauréau, Les poèmes latins attribués à Saint Bernard. Paris 1890 p. 70 ff.

47. Revue des questions historiques 1891, Janvier p. 218 ff.; vgl. desselben Vie de Saint Bernard II (Paris 1895) p. 101.

48. Kirchenlied I 120 ff.

49. Koch, (Gesch. d. Kirchenliedes ³ I 116.

50. Fischer, Kirchenlieder-Lexikon II 162.

51. Blätter für Hymnologie 1884 S. 75.

52. Daniel, Thesaurus hymnologicus IV 224 ff.

53. Real-Encyklopädie ³ II 639.

54. Neue kirchl. Zeitschr. XIII (1902) 205 ff.

55. Vgl. das Citat bei Daniel IV 228; ferner V. Herberger, Horoscopia passionis Domini. ² Leipzig 1611 S. 488 f.

56. Vgl. Scherer in Allg. deutsche Biographie s. v., H. Holstein, die Reformation im Spiegelbilde der dramatischen Literatur, Halle 1886, S. 131.

57. Langbecker S. 10.

58. So wird vermutlich zu lesen sein statt „wie ich auch erkenne".

59. Vgl. Kawerau, Joh. Sigismund in Real-Encykl. ³ XVIII 331 ff.

60. H. Landwehr, Die Kirchenpolitik Friedr. Wilhelms, des Großen Kurfürsten, Berlin 1894 S. 197.

61. Langbecker S. 88, Wangemann S. 172.

62. Chr. C. Mylius, Corpus constitutionum Marchicarum (1737) I, 1, 365 ff.; Landwehr S. 195 ff.

63. Vgl. über diesen H. Landwehr, Barthol. Stosch, Leipzig 1893 (Separatabdruck aus Forschungen zur brand. u. preuß. Gesch. VI.).

64. a. a. O. S. 107 f.; Landwehr Kirchenpolitik S. 199 f.

65. Mylius I, 1, 373 ff., Landwehr S. 201 f.

66. Mylius I, 1, 375 ff., Landwehr S. 203 f.

67. C. Mirbt in Real-Encykl. ³ III 744 f.

68. Vgl. über ihn Koch, (Gesch. d. Kirchenliedes ³ IV 169 ff.

69. Landwehrs Urteil (Kirchenpolitik S. 208), diese Formulierung zeige, daß ihr Verfasser sich nicht in die dogmatischen Fragen der damaligen Zeit vertieft habe, halte ich für verfehlt: die Proposition knüpft an das Ergebnis des Kasseler Religionsgespräches an und möchte die Lutheraner in Berlin bewegen, zwischen heilsnotwendigen und weniger fundamentalen Lehrsätzen zu unterscheiden. Die Vorlage bei Langbecker S. 21 f.

70. Langbecker S. 26.

71. Siehe Gerhardts Ausführungen bei Langbecker S. 29 ff. 43 ff. 56 f. 58 ff. 65 ff. 86 ff. (mit manchen Lesefehlern dort abgedruckt).
72. Mylius I, 1, 381 ff.; Langbecker S. 91 ff.
73. Langbecker S. 97 ff.
74. Wangemann S. 178. Viel diplomatischer und unverfänglicher lautet der Revers, den Mylius I, 1, 392 abdruckt. Das ist wohl die hernach mit den Ständen beratene mildere Form. Da ist es ein Gelöbnis treuer und unanstößiger Amtsführung: das Versprechen ehrbaren Lebens, ehrbarer Kleidung und Sitten, in der Lehre bei dem reinen Wort Gottes, in den 3 bewährten Haupt-Symbolis und der Augsburg. Konf. wiederholt zu bleiben, auf der Kanzel mit andern Kirchendienern oder andern Leuten nicht zu hadern, sondern die Streitsache ans Konsistorium zu bringen, Weib, Kinder, Gesinde in Gottesfurcht und Zucht aufzuerziehen, vom Pfarreinkommen nichts entziehen zu lassen, Pfarrgebäude und Gärten zu verbessern, Sonntag Nachmittags den Katechismus zu treiben; endlich der Verpflichtung, dem kurfürstlichen Edikt, mutuam tolerantiam betreffend, von 1614, welches 1662 und 64 wiederholt und weiter erklärt worden, gehorsam zu sein. Wie klug waren hier die für die Geistlichen verfänglichen Sätze unter so viel andre unverfängliche gemischt!
75. Langbecker S. 107 f.
76. Ebd. S. 111 ff., Landwehr I. 278.
77. Langbecker S. 113.
78. Ebd. S. 114 ff.
79. Ebd. S. 120 ff.
80. Ebd. S. 122 f.
81. Mylius I, 1, 385 ff.; Langbecker S. 124 ff.
82. Langbecker S. 154 f.
83. Ebd. S. 160 ff.; vgl. Bachmann S. 6.
84. Langbecker S. 162 ff.
85. Mylius I, 1, 389 ff.; Langbecker S. 170 ff.
86. Ebd. S. 175 ff.
87. Ebd. S. 184 f.
88. Ebd. S. 186; Forschungen zur brand. und preuß. Gesch. XII (1899) 145 und die Flugschrift: "Freundliche Erinnerung an den Anisen Schreiber des Sonlagischen Mercurii" nebst der Antwort darauf: "Recepisse wegen der erhaltenen freundlichen Erinnerung." Berlin 1667, 4° (Breslau, Univ. Bibl.).
89. Langbecker S. 199.
90. A. Ebeling S. 214.
91. Ebd. S. 107.
92. Landwehr S. 230; Forschungen zur brand. und preuß. Gesch. XII, 147. Bei dem bald darauf erfolgten Tode der Kurfürstin wagte

man nicht, den Berlinern die Besichtigung ihrer Leiche zu gestatten, da man unliebsame Äußerungen befürchtete.

93. Mylius I, 1, 393 ff.

94. Vollständig bei Wangemann, S. 206-218.

95. Langbecker S. 203.

96. G. Wimmer, ausführliche Lieder-Erklärung II (1749) 650.

97. Fromm war 1657 gestorben, und Gerhardt hatte ihm einige latein. Distichen als Nachruf gewidmet, Bachmann S. 317.

98. Diesen W. Lyser (Leyser) finde ich seit Winter-Semester 1658 als Mitglied der juristischen Fakultät in den Wittenberger Vorlesungsverzeichnissen.

99. Bachmann S. 317 ff.

100. Deutsche Zeitschr. f. christl. Wissensch. VI (1855) 96; Koch, Gesch. des Kirchenliedes³ III 342 f.; Kranse in Siona 1892, 31 f. 216 f. Förster in Monatschr. f. Gottesdienst und kirchl. Kunst I 209 ff.; Fischer Tümpel III 492.

101. Von diesem Liede liegt mir ein Einzeldruck vor: „Paul Gerhardes | Lied von Christlicher Geduld, nach der Melodie: | Von GOtt wil ich nicht lassen ɔc." 2 Bl. 8°, o. O. und J. (Bresl. Stadt-Bibl.)

102. Vgl. W. Buchner, August Buchner S. 32 ff.

103. Daß diese beiden Lieder, wie Goedeke und Ebeling annehmen, ursprünglich Gelegenheitsgedichte (Hochzeitslieder?) gewesen sein sollten, scheint mir durch den Inhalt nicht nahegelegt zu sein. In ihnen dürfen wir, ohne daß sie rein individuell geartet wären, den Ausdruck seiner eignen Eheerfahrungen sehen.

104. Über die kirchlichen Verhältnisse Lübbens in damaliger Zeit f. Neues Lausitzer Magazin 33 (1857) 162 f.

105. Langbecker S. 208.

106. Ebd. S. 215.

107. So Vice-Gen. Sup. Schultz in Lübben 1884, bei Wangemann S. 223.

108. Kunstwart XVI, 1, 538 ff.

109. Zuerst veröffentlicht in der Vorrede zu Feustkings Ausgabe der Lieder P. G.s. 1707.

110. Wir nehmen an, daß das Sterberegister den Todes-, nicht den Begräbnistag verzeichnet. Joh. Christoph Clearius (Lieder-Bibliothek, Jena 1702 II 45) hat den 27. Mai.

111. Schamelius, Lieder Commentarius, Leipzig 1724 S. 583: „Über dieser Worte Wiederholung soll der Autor selbst verschieden sein."

112. Übersetzung von Propst Straube, vgl. Langbecker S. 230. Übrigens beginnt Wernsdorf: Sculpta quidem Pauli viva est atque imago Gerhardi — man hatte wohl also anfangs eine Bildhauerarbeit geplant.

113. Weiter notiere ich die Wortspiele: „Da wird mein Weinen lauter Wein, Mein Achzen lauter Jauchzen sein" (Ebeling S. 218) - nicht nach Jedermanns Geschmack. Von Adams Fall: „Der täglich in uns heckt Viel böse schwere Jalen" (Ebeling S. 310). Unschön und schwer verständlich: „Wer mir gute Worte giebet Und den Haß im Herzen hält, Wer nur seinen Kuchen schmieret, Und wenns Bienlein nicht mehr führet, Alsdann geht er nach der Tür Ei der bleibe fern von mir" (S. 296). Ferner: „Dein Gebärde, dein Gesichte Und der beiden Augen Licht War in Jugend ganz verhüllet" (S. 283). Komisch wirkt, weil einzelne Ausdrücke jetzt für uns eine andre Bedeutung haben, wenn er beim Tode eines Kindes tröstet: „Muß das Leibchen gleich verwesen, Ist's ihm doch ein schlechter Schad; Gott wird schon zusammenlesen, Was der Tod zerstreuet hat: Treu ist er und fromm den Seinen, Trägt sich auch mit ihren Beinen." (S. 260). Wenig ansprechendes Bild: Der „Sündenwagen, in dem er seine Zeit oft liederlich verzehrt" (S. 232 viel besser dagegen „die Narren, die am Torheitkarren ziehen" S. 314). Eine undeutliche Verwendung alttestamentlicher Sprache ist es, wenn er gelegentlich „Eingeweide" statt „Herz" gebraucht (S. 230).

114. Goedeke a. a. O. S. XXX.

115. Vgl. A. Ritschls treffende Bemerkungen in Rechtfertigung und Versöhnung [2] III 273 f.

116. Fr. Th. v. Hippel Sämtl. Werke (Berlin 1827) 1 27 f.

117. In seinem schönen Vortrag über P. G. in Blätter f. Hymnologie 1884 S. 51 ff.

118. Misander (d. i. J. Sam. Adami in Dresden), Deliciae biblicae, Dresden-Leipzig, 1693 S. 664 f.

119. Neumeister und Grohmann, De poetis Germanicis, (Leipzig) 1695 p. 38.

120. Bernoulli in Monatsschr. f. Gottesd. und kirchl. Kunst I 141.

121. Miscellanea Lipsiensia IX (Leipzig 1720) 87: Gerhardum nullam oden composuisse nisi ad tabaci fuuum; Gabriel Wimmer, Ausführl. Lieder-Erklärung II (1749) 651.

122. S. die Beispiele bei R. Stier, die Gesangbuchsnot, Leipzig 1838, an vielen Stellen, bes. S. 126 ff. Es ist nützlich, aus der Fülle von Beispielen für die poesielose und sentimentale, dabei den Realismus des Glaubensbekenntnisses Gerhardts verwässernde Umdichterei einige Proben mitzuteilen. Ich greife dabei nach schlesischen Gesangbüchern, dem Gerhardschen Breslauer G. B. von 1801, dem Bunzlauer von 1801, dem Neuen Liegnitzischen von 1805, da deren Heranziehung mir als Schlesier am nächsten liegt. Die Citate aus Stier verweisen auf sächsische Gesangbücher.

Gerhardt singt: Die „Verbesserer":
Mein Herze geht in Sprüngen   Mein Herz ist nun voll Freuden
Und kann nicht traurig sein,   Und kann nicht traurig sein,
Ist voller Freud und Singen,   Auch selbst die Zeit der Leiden
Sieht lauter Sonnenschein.   Hat für mich Sonnenschein.
Die Sonne, die mir lachet,   Den Trost, den ich nun habe,
Ist mein Herr Jesus Christ,   Verdank ich Jesu Christ,
Das, was mich singend machet, Der selbst bei meinem Grabe
Ist was im Himmel ist.   Mein Freund und Helfer [oder Tröster] ist
                    (Neues Liegnitzsches G. B. 1805 Nr. 181; Stier S. 59).
Oder: Die Sonne meines Lebens
      Ist Jesus und sein Heil,
      Ihm trau ich nicht vergebens,
      Im Himmel ist mein Teil.   (Gerhardtsches G. B. Nr. 366)
  Ebenso wird das Weihnachtslied umgedichtet:
Fröhlich soll mein Herze springen Fröhlich laßt uns Gott lobsingen!
Dieser Zeit, da vor Freud   Hocherfreut   Laßt uns heut
Alle Engel singen.   Ihm Anbetung bringen!
Hört, hört, wie mit vollen Chören Jeder, der sonst war verloren,
Alle Luft   Laute ruft: Freue sich   Inniglich:
Christus ist geboren.   Christus ist geboren.   (Stier S. 126).
  Selbst „Befiehl du deine Wege" wird nicht unverändert gelassen,
z. B. in Nr. 4:
Weg hast du allerwegen,   An wunderbaren Wegen
An Mitteln fehlt dirs nicht: Fehlt dirs, Allweiser, nicht:
Dein Tun ist lauter Segen,   Dein Tun ist Gnad und Segen,
Dein Gang ist lauter Licht.   Dein Gang ist Recht und Licht;
Dein Werk kann niemand hindern,   Und wenn du deinen Kindern
Dein Arbeit darf nicht ruhn,   Ein Glück hast ausersehn,
Wenn du, was deinen Kindern   Wer kann dich daran hindern?
Ersprießlich ist, willst tun.   Du willst: es muß geschehn.
                                                    (Stier S. 66).
  Der letzte Vers dieses Liedes muß sich Folgendes gefallen lassen:
Mach End, o Herr, mach Ende   Mach End, o Herr, mach Ende
An aller unsrer Not!   An aller unsrer Not;
Stärk unser Füß und Hände   Stärk unser Herz und Lende
Und laß bis in den Tod   Uns Trost bis in den Tod.
Uns allzeit deiner Pflege   Laß uns stets deiner Pflege
Und Treu empfohlen sein   Und Treu befohlen sein rc.
                                        (Bunzlauer G. B. 1801 S. 372).
  Ein Beispiel aus „Wie soll ich dich empfangen":
Nichts, nichts hat dich getrieben   O du, an den ich glaube,
Zu mir vom Himmelszelt   Was wars, das dich bewog?

Als das geliebte Lieben,
Damit du alle Welt
In ihren tausend Plagen
Und großen Jammerlast,
Die kein Mund kann aussagen,
So fest umfangen hast.

Was ware, das dich zum Staube,
Zu mir herniederzog?
Dein göttliches Erbarmen!
Ja du, o Jesu, hast
Mit mitleidsvollen Armen
Die ganze Welt umfaßt.

In demselben Liede v. 10:
Er kommt zum Weltgerichte,
Zum Fluch dem, der ihm flucht;
Mit Gnad und süßem Lichte
Dem, der ihn liebt und sucht.
Ach komm, ach komm, o Sonne,
Und hol uns allzumal
Zum ewgen Licht und Wonne
In deinen Freudensaal!

Er kommt zum Weltgerichte
Und bringt, wenn er erscheint,
Fluch jedem Bösewichte
Und Heil dem Tugendfreund.
Wohl ewig alle denen,
Die seine Wege gehn
Und einst mit Freudenthränen
Zu seiner Rechten stehn.

(Stier S. 77; Bunzlauer G. B. 1801 S. 109).

Wie abgeblaßt ist folgende Änderung: statt
Und wie er hab erbauet
Ein edle, neue Stadt,
Da Aug und Herze schauet,
Was es geglaubet hat.

Und wie ein kurzes Leiden
Nicht zu vergleichen sei
Mit jenen ewgen Freuden,
Dem Lohn bewährter Treu.

(Neues Liegnitzsches G. B. 1805 Nr. 181).

Wie suchte man das Bekenntnis
An mir und meinem Leben
Ist nichts auf dieser Erd
abzuschwächen, indem man dafür setzte:
Ist wenig auf der Erd
oder   ist nichts, das mir gehört.   (Stier S. 113).
oder noch gründlicher umdichtete:
Ihm weih ich gern mein Leben,
Wenn ers von mir begehrt

(Gerhardsches G. B. Nr. 366).

„O Haupt voll Blut und Wunden" erlitt eine vollständige Überarbeitung in dem Liede „Der du voll Blut und Wunden für uns am Kreuze starbst" oder „Du, der voll Blut und Wunden für uns am Kreuze starb", in welchem der Vers „Wenn ich einmal soll scheiden" gänzlich verschwand und der Vers „Ich danke dir von Herzen" folgende Gestalt annahm:

Mit innig frohem Triebe
Bring ich dir meinen Dank.
Die Größe deiner Liebe
Bleibt stets mein Lobgesang.
Gib nur, daß ich mich halte

Zu dir mit Gegentreu,
Daß, wenn ich einst erkalte,
Ich noch der Deine sei.
(Stier S. 130, Bunzlauer G. B. 1801 S. 153).

In einer andern Umdichtung lautet es in Str. 6 statt:

Ich will hier bei dir stehen,   Du hast mir durch dein Leiden
Verachte mich doch nicht!   Zur Tugend Mut und Kraft,
Von dir will ich nicht gehen,   In Trübsal Trost und Freuden,
Wenn dir dein Herze bricht.   Die ewig sind, verschafft.
Wenn dein Herz wird erblassen   O gieb an dieser Gnade
Im letzten Todesstoß,   Auch mir im Glauben teil,
Alsdann will ich dich fassen   So wird mein Seelenschade
In meinen Arm und Schoß.   Durch deine Wunden heil.

(Neues Liegnitzsches G. B. 1805 Nr. 124).

Aus „Ein Lämmlein geht und trägt die Schuld" setzen wir den 2. Vers hin:

Das Lämmlein ist der große Freund   Das Lamm ist der erhabne Freund
Und Heiland meiner Seelen;   Und Heiland unsrer Seelen;
Den, den hat Gott zum Sündenfeind   Den wollte Gott, der Sünde Feind,
Und Sühner wollen wählen: Zu unserm Mittler wählen.
Ich bin, mein Kind, und nimm dich an   Sohn, sprach er, nimm dich derer an,
Der Kinder, die ich ausgetan   Die selber in verkehrtem Wahn
Zur Straf und Zornesruten!   Sich stürzen ins Verderben.
Die Straf ist schwer, der Zorn ist groß,   Die Straf ist schwer, der Zorn ist groß,
Du kannst und sollst sie machen los   Doch du vermagsts, drum mach sie los
Durch Sterben und durch Bluten.   Durch Leiden und durch Sterben.

(Bunzlauer G. B. 1801 S. 153).

Man vergleiche ferner:

Wir singen dir, Emanuel,   Wir singen dir, Immanuel,
Du Lebensfürst und Gnadenquell,   In dir erfreut sich unsre Seel,
Du Himmelsblum und Morgenstern,   In dir, den Gottes weiser Rat
Du Jungfrausohn, Herr aller Herrn.   Zu unserm Heil gesendet hat.

Wir singen dir in deinem Heer   Wir bringen mit der Engelschar
Aus aller Kraft Lob, Preis und Ehr,   Auch unsern Lobgesang dir dar,
Daß du, o lang gewünschter Gast,   Daß du, den unser Glaube faßt,
Dich nunmehr eingestellet hast.   Das große Werk vollendet hast.

(Gerhardsches G. B. Nr. 144).

Für das Lied „Nun ruhen alle Wälder", an dem auch die Aufklärung Friedrichs des Großen sich stieß, und die daran geübten Verbesserungskünste, wenn man nicht vorzog, es ganz zu streichen, sei verwiesen auf Bunsen in Evang. Kirchenzeitung 1830 S. 150, 249 ff.; F. Piper, Evang. Kalender 1862 S. 81 f. Das oben mehrfach citierte Bunzl. G. B.

von 1801 hat unter einem Liedervorrat von 1022 Liedern nur noch 16 Gerhardtsche und diese z. T. bis zur Unkenntlichkeit überarbeitet; ebenso hat das Gerhardtsche Bresl. G. B. 16 unter 1186; das Neue Liegnitzsche 12 unter 800.

123. Chr. W. Oemler, Repertorium über Pastoraltheologie II (Jena 1787) S. 808 und 811. Ob die Stelle I 446, wo neben Arndt und Scriver auch Gerhardts „Andachtsbücher" als die noch immer beliebte Lektüre des „gemeinen Mannes" genannt werden, auf Paul G. oder nicht vielmehr auf Joh. Gerhard zu beziehen sind, von dem es ja auch deutsche Gebet- und Predigtbücher gab, ist mir zweifelhaft.

124. Ebeling S. 362.

Liederverzeichnis.

	Seite
Ach Herr, wie lange willt du mein	22
Ach treuer Gott, barmherzigs Herz	28
Alle, die ihr Gott zu Ehren	59
Als Gottes Lamm und Leue	28
Also hat Gott die Welt geliebt	5
Auf, auf, mein Herz, mit Freuden	12, 14
Auf den Nebel folgt die Sonn'	27
Barmherz'ger Vater, höchster Gott	28
Befiehl du deine Wege	28, 29
Das ist mir lieb, daß Gott mein Hort	28
Der aller Herz und Willen lenkt	9
Der Herr, der aller Enden	25
Der Tag mit seinem Lichte	59
Die güldne Sonne	59
Die Zeit ist nunmehr nah	18, 25
Du bist ein Mensch, das weißt du wohl	27, 37
Du bist zwar mein und bleibest mein	10
Du liebe Unschuld du	20, 29
Du, meine Seele, singe	25
Du Volk, das du getaufet bist	60
Ein Lämmlein geht und trägt die Schuld	12, 13 f.
Ein Weib, das Gott den Herren liebt	28
Fröhlich soll mein Herze springen	27, 36
Geduld ist euch vonnöten	57
Gegrüßet seist du, Gott mein Heil	27, 30 ff.
Gegrüßet seist du, meine Kron	27, 30 ff.
Geh aus mein Herz und suche Freud	28, 37 f.
Gib dich zufrieden und sei stille	57
Gott ist mein Licht, der Herr mein Heil	25
Gott Lob! nun ist erschollen	18, 28
Gott Vater, sende deinen Geist	28
Herr, aller Weisheit Quell und Grund	57
Herr, der du vormals hast dein Land	16, 25
Herr, dir trau ich all' mein Tage	38
Herr, du erforschest meinen Sinn	58

Herr Gott, du bist ja für und für	59
Herr, höre, was mein Mund	13
Herr, ich will ja gerne bleiben	60
Herr Jesu, meine Liebe	60
Herr Lindholtz legt sich hin	55
Herr, was hast du im Sinn	18
Hör' an, mein Herz, die sieben Wort	28
Hörst du hier die Ewigkeit	56
Hört an, ihr Völker, hört doch an	28
Ich bin ein Gast auf Erden	58
Ich danke dir demütiglich	28
Ich danke dir mit Freuden	60
Ich, der ich oft in tiefes Leid	59
Ich erhebe, Herr, zu dir	13
Ich grüße dich, du frömmster Mann	27, 30 ff.
Ich hab' in Gottes Herz und Sinn	13, 15
Ich hab' oft bei mir selbst gedacht	29
Ich hab's verdient, was will ich doch	28
Ich preise dich und singe	27, 37
Ich singe dir mit Herz und Mund	25, 26
Ich steh an deiner Krippen hier	27, 36
Ich weiß, daß mein Erlöser lebt	60
Ich weiß, mein Gott, daß all mein Tun	27
Ich will erhöhen immerfort	28
Ich will mit Danken kommen	27
Jesu, allerliebster Bruder	57
Johannes sahe durch Gesicht	60
Ist Ephraim nicht meine Kron	25
Ist Gott für mich, so trete	28, 29
Kommt, ihr traurigen Gemüter	28
Kommt und laßt uns Christum ehren	59
Leid ist mir's in meinem Herzen	55
Liebes Kind, wenn ich bei mir	56
Lobet den Herren, alle, die ihn fürchten	25
Meine Seel' ist in der Stille	59
Mein Gott, ich habe mir	13
Mein herz'ger Vater, weint ihr noch	10
Merkt auf, merkt Himmel, Erde	58
Nach dir, o Herr, verlanget mich	13
Nicht so traurig, nicht so sehr	13
Noch dennoch mußt du drum nicht	16, 29
Nun danket all' und bringet Ehr	12
Nun, du lebest, unsre Krone	10

6*

Nun freut euch hier und überall	28
Nun gehl frisch drauf, es geht nach Haus	29
Nun ist der Regen hin	25
Nun laßt uns gehen und treten	15, 24
Nun ruhen alle Wälder	12, 13
Nun sei getrost und unbetrübt	56
O du allersüßte Freude	18
O Gott, mein Schöpfer, edler Fürst	13
O Haupt voll Blut und Wunden	27, 30 ff.
O Herrscher in dem Himmelszelt	17
O Herz des Königs aller Welt	27, 30 ff.
O Jesu Christ, dein Kripplein ist	27
O Jesu Christ, mein schönstes Licht	28
O Mensch, beweine deine Sünd	13
O Tod, o Tod, du greulich's Bild	7
O Welt sieh hier dein Leben	12
O, wie so großes Gut	56
Schaut, schaut, was ist für Wunder dar	59
Schwing dich auf zu deinem Gott	25, 26
Sei fröhlich alles weit und breit	27
Sei mir tausendmal gegrüßet	27, 30 ff.
Sei wohl gegrüßet, guter Hirt	27, 30 ff.
Sei wohlgemut, o Christenseel	28
Siehe, mein getreuer Knecht	28
Sollt ich meinem Gott nicht singen	27, 36
Unter allen, die da leben	57
Voller Wunder, voller Kunst	23, 59
Wach auf, mein Herz, und singe	12, 13
Warum machet solche Schmerzen	13
Warum sollt ich mich denn grämen	25, 26
Warum willt du draußen stehen	24
Was alle Weisheit in der Welt	28
Was Gott gefällt, mein frommes Kind	25
Was soll ich doch, o Ephraim	28
Was trauerst du, mein Angesicht	59
Was trotzest du, stolzer Tyrann	20
Weg, mein Herz, mit den Gedanken	13
Weint und weint gleichwohl nicht zu sehr	56
Welt-Skribenten und Poeten	11
Wer selig stirbt, stirbt nicht	56
Wer unterm Schirm des Höchsten sitzt	28
Wer wohl auf ist und gesund	29, 38
Wie der Hirsch im großen Dürsten	25

Wie ist es möglich, höchstes Licht	60
Wie ist so groß und schwer die Last	17, 25
Wie lang, o Herr, wie lange soll	28
Wie schön ist's doch, Herr Jesu Christ	59
Wie soll ich dich empfangen	24
Wir singen dir, Emanuel	27, 36
Wohl dem, der den Herren scheuet	25
Wohl dem Menschen, der nicht wandelt	25
Zeuch ein zu deinen Toren	24
Zweierlei bitt' ich von dir	13

Verzeichnis der noch vorhandenen Vereinsschriften.

Heft 1—92. 1883—1906.

1. Kolbe, Th., Luther und der Reichstag zu Worms 1521.
2. Koldewey, Friedr., Heinz von Wolfenbüttel. Ein Zeitbild aus dem Jahrhundert der Reformation.
3. Stähelin, Rudolf, Huldreich Zwingli und sein Reformationswerk. Zum vierhundertjährigen Geburtstage Zwinglis dargestellt.
4. Luther, Martin, An den christlichen Adel deutscher Nation von des christlichen Standes Besserung. Bearbeitet sowie mit Einleitung und Erläuterungen versehen von K. Benrath.

5/6. Bossert, Gust., Württemberg und Janssen. 2 Teile.
12. Iken, J. F., Heinrich von Zütphen.
17. Aleander. Die Depeschen des Nuntius Aleander vom Wormser Reichstage 1521, übersetzt und erläutert von Paul Kalkoff.
19. Erdmann, D., Luther und seine Beziehungen zu Schlesien, insbesondere zu Breslau.
20. Vogt, W., Die Vorgeschichte des Bauernkrieges.
21. Roth, F., W. Pirkheimer. Ein Lebensbild aus dem Zeitalter des Humanismus und der Reformation.
22. Hering, H., Doktor Pommeranus, Johannes Bugenhagen. Ein Lebensbild aus der Zeit der Reformation.
23. von Schubert, H., Roms Kampf um die Weltherrschaft. Eine kirchengeschichtliche Studie.
24. Ziegler, H., Die Gegenreformation in Schlesien.
25. Wrede, Ad., Ernst der Bekenner, Herzog v. Braunschweig u. Lüneburg.
26. Kawerau, Waldemar, Hans Sachs und die Reformation.
27. Baumgarten, Hermann, Karl V. und die deutsche Reformation.
28. Lechler, Goth, Viktor Johannes Hus. Ein Lebensbild aus der Vorgeschichte der Reformation.
29. Gurlitt, Cornelius, Kunst und Künstler am Vorabend der Reformation. Ein Bild aus dem Erzgebirge.
30. Kawerau, Waldemar, Hans Sachs und die Reformation.
31. Walther, Wilh., Luthers Beruf. (Luther im neuesten römischen Gericht, 3. Heft.)
32. Kawerau, Waldemar, Thomas Murner und die deutsche Reformation.
33. Tschackert, Paul, Paul Speratus von Rötlen, evangelischer Bischof von Pomesanien in Marienwerder.
34. Konrad, P., Dr. Ambrosius Moibanus. Ein Beitrag zur Geschichte der Kirche und Schule Schlesiens im Reformationszeitalter.
35. Walther, Wilh., Luthers Glaubensgewißheit.
36. Freih. v. Wintzingeroda-Knorr, Levin, Die Kämpfe und Leiden der Evangelischen auf dem Eichsfelde während dreier Jahrhunderte. Heft I: Reformation und Gegenreformation bis zum Tode des Kurfürsten Daniel von Mainz (21. März 1582).

Fortsetzung siehe zweite Seite des Umschlages.

www.ingramcontent.com/pod-product-compliance
Lightning Source LLC
Chambersburg PA
CBHW031124160426
43192CB00008B/1103